EN GÜZEL NASREDDİN HOCA FIKRALARI

•

Emel İpek

En Güzel
Nasreddin Hoca
Fıkraları

Türdav Yayın Grubu Adına Editör Mehmet Dikmen

Baskıya Hazırlık Türdav Ajans

Baskı ve Cilt Kurtiş Matbaacılık
Maltepe Mah. Litros Yolu Fatih Sanayi Sitesi
No: 12/74-75-76 Topkapı / İstanbul
Tel: (0212) 613 68 94   Faks: (0212) 613 68 96

İstanbul / 2011
ISBN 978-605-5537-12-8

Yayıncı Sertifika No: 16440

TÜRDAV YAYIN GRUBU

Göztepe Mh. Mahmutbey Yolu Orhangazi Cd. No:16
Bağcılar / İSTANBUL Tel: (0212) 446 08 08 (pbx)
Fax: (0212) 446 00 15 - 90
www.karanfil.com.tr • bilgi@karanfil.com •
www.kitapkutusu.com

En Güzel

NASREDDİN HOCA FIKRALARI

EMEL İPEK

Karanfil
YAYINLARI

ÖNSÖZ

Nasreddin Hoca, 1208 yılında doğmuş, 1284 yılında Akşehirde vefat etmiştir. Türbesi Akşehir'de olup Selçuklular devrinde yaşamıştır.

Nasreddin Hoca, yüzyıllardan beri tüm Türk Dünyasında güldüren ve düşündüren fıkralarıyla bilinmektedir.

Türbesi Akşehirde olmasına rağmen, bütün Türk Dünyasında kendisinin makamları vardır.

Türk milletinin zeka inceliğini, nükte gücünü, en iyi şekilde yansıtan kişi olarak Türk Kültür Tarihinde layık olduğu seçkin yerini almıştır.

Nasrettin Hoca, çeşitli fıkralarında Timurlenk'in çağdaşı olarak görülmekte ise de, bu tarihi açıdan mümkün değildir. Timurlenk'in çağdaşı olan kişi, Anadoluda çeşitli hükümdarlara danışmanlık yapan şair Ahmedidir. Şair Ahmedî'nin Timurlenk'le olan nükte ve fıkraları sonradan Nasreddin Hocaya isnad edilmiştir.

Nasreddin Hoca, tüm hayatını insanlara doğru yolu göstermeye, insanların zaaflarını nükteli bir dille vurgulayarak onları kötülüklerden sakındırmaya harcamıştır.

Onun latife ve nükteleri, hikmet ve ibret dolu olup zamanla atasözü haline gelmiştir. Herbiri keskin bir zeka, doğru işleyen bir aklın ürünüdür.

Elinizdeki kitapta Nasreddin Hoca fıkralarından bir demet sunduk sizlere. Okuduğunuzda dudaklarınızla tebessüm ederken, düşünce ufkunuzunda genişleyeceğine, bir nebze de olsa streslerinizden kurtulacağınıza gönülden inanıyoruz.

Neşeli, bol tebessümlü günler dileğiyle...

KARANFİL YAYINLARI

ALLAH'IN RAHMETİNDEN KAÇILIR MI?

Bir gün, bardaktan boşanırcasına yağmur yağıyormuş.

Nasreddin Hoca pencerenin önüne oturmuş, sokağı seyrediyormuş. Bir ara, dostlarından birinin ıslanmamak için koşa koşa gittiğini görmüş:

Hemen pencereyi açarak seslenmiş adama:

– Aman, ne kadar ayıp!.. Senin gibi akıllı ve olgun bir adam, hiç Allah'ın rahmetinden kaçar mı?

Nasreddin Hoca'nın bu sözlerine hak vermiş adam. Koşmayı bırakıp ağır ağır yürümeye başlamış.

Ama daha gideceği yere varana kadar da sırıl sıklam olmuş. Nasreddin Hoca'nın kendisine oyun ettiğini anlamış.

Garip bir rastlantı. Bir başka gün de, Nasreddin Hoca, yağmura tutulmuş.

Koşar adım evine gidiyormuş.

Tam birkaç gün önce oyun ettiği komşusunun evinin önünden geçerken, ona yakalanmış.

Adam, hemen pencereyi açıp, Nasreddin Hoca'ya seslenmiş:

– Hoca'm, Hoca'm! Allah'ın rahmetinden neden kaçıyorsun? Utanmıyor musun bu yaptığından?

Nasreddin Hoca, hiç istifini bozmadan, koşmasını sürdürmüş. Kendisine sitem eden komşusuna da şu cevabı vermiş:

– Ne kadar anlayışsız biriymişsin be komşu. **Ben Allah'ın rahmetinden kaçmıyorum ki, sadece yeri ıslatan rahmeti çiğnememek için koşuyorum.**

SİZİN EVE TAŞINMIYOR MUYUZ?

Bir gün, Nasreddin Hoca'nın evine hırsız girmiş...

Gürültüden uyanmış Nasreddin Hoca. Bakmış ki, adamın biri, evin içinde, eline her geçeni çuvalına dolduruyor..

Kapının arkasına geçip, hırsızın işini bitirmesini beklemiş.

Aradan bir süre geçmiş. Hırsız, alacağını aldıktan sonra dışarı çıkmış. Nasreddin Hoca da onun peşine takılmış.

Hırsız çok geçmeden Nasreddin Hoca'nın ardı sıra geldiğini görmüş.

Hayretle sormuş:

– Ne o Hoca Efendi? Gecenin bu saatinde, niçin peşimden geliyorsun?

Nasreddin Hoca gülümseyerek cevaplamış hırsızı:

– Niçin olacak? Bizim evdeki bütün eşyaları yüklenip buraya getirdiğine göre, **sizin eve taşınmıyor muyuz?**

KİM BÜYÜK?

Çocukluğunda Nasreddin Hoca'ya sormuşlar:

– Sen mi büyüksün, kardeşin mi?

Nasreddin Hoca, biraz düşündükten sonra, şöyle cevaplamış:

– Annem, geçen yıl, "Kardeşin senden bir yaş büyük" demişti. Şimdi aradan bir yıl geçti. Bu hesaba göre, artık **ikimizin yaşıt olması gerekir...**

YORGAN GİTTİ KAVGA BİTTİ

Nasreddin Hoca, bir kış günü, gece yarısı, kapısının önünde bir gürültü duymuş.

Soğuktan dolayı yorganını sırtına alarak dışarı çıkmış.

Birkaç kişinin kavga ettiğini görmüş. Hemen yorganını bir kenara bırakarak onları ayırmaya girişmiş.

Bu arada açıkgözün birisi, Nasreddin Hoca'nın yorganını çalıp kaçmış.

Az sonra Hocanın da gayretleriyle kavga bitmiş, taraflar barışmış.

Ama Nasreddin Hoca, evine yorgansız dönmüş.

Karısı:

– Kavga neden çıkmış, öğrendin mi? diye sormuş Hocaya.

Nasreddin Hoca, gülerek cevaplamış:

– Hatun, ne sorup duruyorsun... Kavga bizim yorgan üzerineymiş. **Yorgan gitti, kavga bitti işte...**

KİME NE?

Nasreddin Hoca akşam üstü, yorgun argın evine gidiyordu. Yolda kendine vazife olmayan işlere burnunu sokmayı alışkanlık haline getirmiş biri karşısına çıkıp:

– Hoca Efendi, dedi. Demin biri bir tepsi baklava ile buradan geçti. Gözlerimle gördüm.

Hoca, bu zevzekliğe kızdı. Yürümeye devam ederken adamı da tersledi:

– **Bundan bana ne?**

Ama zevzek adam hocadan ayrılmaya niyetli değildi.

– Sözümü tamamlamaya fırsat vermedin Hoca Efendi, dedi. Baklava tepsisini taşıyan kişi, sizin eve girdi.

Hoca bu haddini bilmeze son sözünü söyledi:

– İyi, ama **bundan sana ne?**

BABA SÖZÜ DİNLEYECEĞİ TUTMUŞ

Nasreddin Hoca'nın bir oğlu varmış... Ne denirse tam tersini yaparmış.

Bir gün Nasreddin Hoca ile oğlu Akşehir'e gidip oradan iki çuval tuz almışlar. Eşeğe yükleyip köylerine dönmek için yola koyulmuşlar.

Köylerinin yakınındaki dereye geldiklerinde, Nasreddin Hoca, derenin en sığ yerinden karşı tarafa geçmiş. Oğlu da eşeği sudan geçirmeye çalışıyormuş.

Ama eşeğin sırtındaki çuvallardan biri, neredeyse suya değmek üzereymiş.

Hoca, oğlunun ters huyunu bildiği için seslenmiş:

– Sevgili oğlum... Çuvallardan biri suya değecek. Biraz daha asıl da, iyice suya gömülsün...

Ne var ki çocuğun o gün uysallığı üzerindeymiş... Tutup, babasının dediğini yapmış.

Neticede iki çuval birden suyun içine düşmüş.

Nasreddin Hoca:

– Ne yapıyorsun şaşkın oğlum! diye bağırmış, ama bu arada tuzlar da suda eriyip gitmiş.

Nasreddin Hocanın oğlu, babasının azarı karşısında şöyle söyleniyormuş:

– Kırk yılda bir baba sözü dinleyelim dedik, gene de yaranamadık...

KUL TAKSİMİ – ALLAH TAKSİMİ

Bir gün Nasreddin Hoca'ya dört çocuk gelir. Ellerinde de bir torba ceviz vardır.

– Hoca'm, biz bu cevizleri bulduk. Ama aramızda paylaştıramadık... Ne olursun, bizlere bunu paylaştırıver, derler.

Nasreddin Hoca:

– Peki çocuklar, der. "Kul taksimi" mi yapayım, yoksa "Allah taksimi" mi?

Çocuklar eşit bir paylaşma olacağı düşüncesiyle:

– "Allah taksimi" isteriz Hoca Efendi... cevabını verirler.

Nasreddin Hoca torbayı açar. Bir avuç cevizi birinci çocuğa, üç-dört tanesini ikinci çocuğa, altı-yedi tanesini de üçüncü çocuğa verir. Dördüncü çocuğa ise, hiçbir şey vermez...

Bu paylaşıma, çocuklar şaşıp kalırlar.

– Bu taksime aklımız ermedi, derler.

Nasreddin Hoca gülümseyerek şu cevabı verir:

– "Allah taksimi" böyle olur çocuklar. O, **lütufla dağıtır.** Kimine çok, kimine az verir; kimine de hiç vermez.

"Kul taksimi" yap deseydiniz, o zaman **adaletle dağıtır,** cevizleri hepinize eşit olarak bölüştürürdüm.

GÖLE MAYA ÇALMAK...

Bir gün dostları, Nasreddin Hocayı göl başında bir işle meşgul bularak yanına yaklaşırlar. Ne yaptığını sorarlar.

Nasreddin Hoca, büyük bir ciddiyetle:

– **Göle yoğurt mayası çalıyorum,** cevabını verir.

Bu cevabı duyanlar, kahkaha ile gülmeye başlarlar. İçlerinden biri:

– Sen deli misin Hoca? diye sorar. Hiç göle çalınan maya tutar mı?

Nasreddin Hoca, gözlerinde ümit parıltıları parlayarak, şu unutulmaz cevabı verir:

– **Ya tutarsa?**

FİNCANCI KATIRLARINI ÜRKÜTMEMEK...

Nasreddin Hoca geç vakit bir mezarlıktan geçiyordu. Birden ayağı kayarak açık ve boş bir kabrin içinde buldu kendini. Mezarın içinde aklına: "Acaba Münkir ve Nekir adlı sorgu melekleri beni yeni bir ölü sanarak soru sormaya gelirler mi?" düşüncesi geldi. Ve beklemeye başladı.

Ortalık iyice karardığı halde, gelen giden olmayınca, mezardan çıkmak için harekete geçti. O sırada, mezarlığın yanından fincan, tabak, bardak, kase gibi kırılacak şeyler taşımakta olan fincancı katırları geçiyordu. Hayvanlar, mezardan birinin ansızın önlerine çıktığını görünce, birdenbire ürküverdiler. Kafilede kargaşa çıktı. Bu arada katırların sırtlarındaki küfelerde taşıdıkları fincanların, tabakların büyük bir kısmı kırıldı.

Gürültüye koşan fincancılar, hayvanlarını ürküten Hoca'yı yakaladılar. Hemen sorguya çektiler:

– Bre kimsin sen?

Hoca, fincancıların ellerinden kurtulabilmek için:

– Âhiret ehlindenim! Diyerek olaya gizemlilik katmak istedi.

– İşin ne öyleyse dünyada?

– Şöyle ne var ne yok diye bir dolaşmaya çıktım da...

Fincancılar bu açıklamayı yutmadılar.

– Dur biz sana, dünyada ne olup olmadığını güzelce bir gösterelim! Dediler.

Sonra da Hoca'yı iyice dövdüler.

Nasreddin Hoca, kan revan içinde, gece yarısı evine döndü. Karısı onu bu halde görünce:

– Bu ne haldir Efendi? Diye çığlığı bastı.

Hoca:

– Hiç sorma Hatun! dedi. Şöyle öbür dünyaya doğru bir yolculuk yapayım, dedim; başıma bu haller geldi.

Hocanın hanımı saf kadındı.

– Öyle mi? dedi. Peki ne varmış öbür dünyada?

Nasreddin Hoca, yaşadığı kabus gibi olayı, şu sözlerle özetledi:

– **Eğer fincancı katırlarını ürkütmezsen, pek korkacak bir şey yok...**

MİNARE NASIL YAPILIR?

Nasreddin Hoca, Konya'ya giderken yolda bir köylüsüyle karşılaşır. Selamlaşırlar, birlikte yol almaya başlarlar.

Köylü o güne kadar hiç minare görmemiştir. Konya'ya yaklaşırlarken, minareleri görür ve nasıl yapıldıklarına bir türlü akıl erdiremez. Hoca'ya sorar:

– Hocafendi, şu sivri sivri yüksek şeyleri nasıl yaparlar?

Hoca gülerek cevap verir:

– Bunu bilmeyecek ne var? **Kuyuların içini dışına çevirirler, olur biter!**

İNSAN NİÇİN YAŞAR?

Hoca yaşlanmıştır. Geçim sıkıntısı da çekmektedir.

Bir hemşehrisi:

– Hocafendi, insanlar niçin yaşar? diye sorunca, Hoca, hiç düşünmeden:

– **Yokuş çıkmak ve borç ödemek için,** evladım! deyiverir.

KAZAN DOĞURMUŞ!

Bir gün Hoca, komşusundan bir kazan ister. İşini bitirince kazanın içine küçük bir tencere koyup geri iade eder. Kazan sahibi tencereyi görünce:

– Bu nedir?

Diye sorar. Hoca cevap verir:

– Müjde! **Kazanınız doğurdu.**

Bu haber komşusunun hoşuna gider.

– Pekala! diyerek tencereyi kabullenir.

Hoca yine bir gün komşusundan kazanı ister. Alır ama bu sefer iade etmez. Sahibi bir süre bekler. Kazanın gelmediğini görünce, Hocanın evine gelir, kazanı geri ister. Hoca üzüntülü bir çehre ile:

– Sizlere ömür, **kazan öldü!** der.

Komşu hayretle:

– Aman Hocam, hiç kazan ölür mü?

Deyince, Hocanın cevabı hazırdır:

– **Kazanın doğurduğuna inanırsın da, öldüğüne niçin inanmazsın?**

Hoca, daha sonra kazanı iade eder. Zaten maksadı, çıkarına çok düşkün olan komşusuna, iyi bir ders vermektir.

AMAN GÖZLÜĞÜMÜ VER!

Bir gece yarısı Hoca telaşla karısını uyandırır.

– Aman hatun, şu gözlüğümü ver, gözüme takıp öyle yatayım, der.

Karısı Hocaya gözlüğünü verir. Bu kadar telaşının ve gözlükle yatmasının sebebini sorar. Hoca şu açıklamayı yapar:

– **Bir güzel rüya görüyorum, bazı yerlerini seçemiyorum. Onun için gözlüğümü taktım.**

İPE UN SERMEK

Komşulardan birisi Nasreddin Hoca'ya gelerek çamaşır ipini ister.

Nasreddin Hoca, vermeye niyetli olmadığı için:

– Sen biraz bekle, karıma bir sorayım, der.

İçeri girer.

Az sonra dönüp ipi veremiyeceğini:

– Bizim karı, **ipe un sermiş,** diyerek açıklar.

Hocanın komşusu şaşırır:

– Hoca'm, der, hiç ipe un serilir mi?

Nasreddin Hoca gülümseyerek cevap verir:

– **İnsanın vermeye gönlü olmayınca elbette ipe un da serilir.**

ÖKÜZÜN SUÇU

Bir gün Nasreddin Hoca'nın tarlasına bir öküz girmiş. Ortalığı dağıtmış. Bunu gören hoca da, eline bir değnek alıp hayvanı kovalamaya başlamış.

Hayvan, kaçıp kurtulmuş Nasreddin Hoca'nın elinden.

Aradan günler geçmiş.

Nasreddin Hoca, Akşehir pazarına giderken yolda, aynı öküzü bir kağnıyı çekerken görmüş.

Hemen eline almış sopasını ve hayvanın karşısına geçip başlamış azarlamaya.

Öküzün sahibi olan köylü şaşmış kalmış bu duruma.

Nasreddin Hoca'ya:

– Hoca, Hoca, ne yapıyorsun? Suçu ne bu hayvanın? diye sormuş.

Nasreddin Hoca:

– Sen karışma! diye cevap vermiş adama. **Suçunun ne olduğunu o çok iyi bilir!**...

TANRI MİSAFİRİ

Bir akşam üstü, onun bunun sırtından geçinmeye çalışan bir adam, bir akşam, Nasreddin Hoca'nın evinin önüne gelir, kapısını çalar.

Nasreddin Hoca, pencereden seslenir:

– Kim o? Ne istiyorsun?

Adam:

– Benim Hoca Efendi, Tanrı misafiri... der.

Nasreddin Hoca, çok yakından tanıdığı bu yüzsüz adamı, başından savmak ister. Hemen aşağıya iner, kapıya çıkar.

Adama:

– Gel arkamdan... der.

Bir süre yürürler.

En sonunda, mahallenin camisinin önüne gelirler.

Nasreddin Hoca:

– Efendi, der adama. Sen yanlış kapıyı çaldın...

Adam şaşırıp kalır. Nasreddin Hoca'ya:

– Niçin yanlış kapı çalmışım? diye sorar.

Hoca güler:

– **Madem ki Tanrı misafirisin... Al işte, Tanrı'nın evi... Burada istediğin kadar kalabilirsin...** Ne işin var, yoksul Hoca'nın evinde?

HALEP ORDA İSE ARŞIN BURDA!

Akşehir'e Suriye'den Arap bir hoca gelmişti. Hocanın işi gücü kendiyle övünmekti. Her gün yeni bir şey uydurur, "yok ben Şam'da iken bunu yaptım. Halep'te iken şunu ettim," diye palavra atar, dururdu.

Yine bir gün konuşurlarken:

– Ben Halep'te bir hamlede altmış arşın atlardım, deyiverdi.

Bir arşın 70 santimetre olduğuna göre, 60 arşın kırk metre etmektedir.

Bu sözleri işiten Nasreddin Hoca, palavranın bu kadarına dayanamadı. Ona mübalağa ettiğini söyledi. Suriyeli Hoca, palavracı olduğu kadar da inatçı biriydi. İlle de atlardım diye dayattı.

Bunun üzerine Nasreddin Hoca:

– Peki, altmış arşınlık bir yer ölçelim, orada atla da görelim! dedi.

Suriyeli Hoca:

– İyi ama, Halep çok uzakta, taa orada... diye

teklife itiraz edecek oldu. Ama Nasreddin Hoca taşı gediğine koydu:

– Halep orada ise, arşın buradadır.

Atasözleri arasına girmiş olan bu söz, bütün palavracılar hakkında geçerlidir.

KIRK YILLIK SİRKE

Bir gün, kapı komşusu Nasreddin Hocaya:

– Hocam, sizde kırk yıllık sirke var mı? Hastamıza ilaç için lazım oldu da, der.

Hoca:

– Var, ama veremem, diye cevap verir.

Komşu:

– Canım Hoca, bir parça versen ne olur! diye rica eder. Hoca yine "veremem!" deyince bu sefer sebebini sorar:

Hoca şu açıklamayı yapar:

– Eğer şuna buna dağıtsaydım, evde hiç kırk yıldan beri sirke kalır mıydı?

ER OLAN SÖZÜNDEN DÖNMEZ!

Hocaya bir gün kaç yaşında olduğunu sormuşlar. Kırk yaşındayım, demiş. Aradan on sene geçtikten sonra yine sormuşlar. Yine, kırk demiş.

– Hoca, sen bundan on sene önce, kırk yaşındayım, demiştin. Şimdi yine kırk diyorsun! Bu nasıl oluyor? diye itiraz etmişler.

Hoca gülerek:

– **Er olan sözünden dönmez,** demiş. Söz bir, Allah bir. Yirmi sene sonra da sorsanız yine söyliyeceğim aynısıdır.

BİRAZ DA KATRAN İLAVE ET!

Bir köylünün keçisi uyuz olur. Kendisine katran sürmesini tavsiye ederler. Ama köylü, keçiyi alıp Hocaya getirir.

– Hoca, senin nefesin uyuz illetine birebirmiş. Şu keçiye bir nefes et, der. Hoca, ona şu tavsiyeyi yapar:

– Nefes ederim amma, hastalığın bir an evvel hayvandan kaybolmasını istersen, **benim nefesime sende biraz katran ilave et!**

ÇOK GEZSEYDİ BİZİM EVE DE UĞRARDI

Bir gün Nasreddin Hoca'nın evine, komşu kadınlardan birisi gelerek:

– Hoca'm, demiş. Senin karın çok geziyor...

Nasreddin Hoca:

– Yanlışın var, demiş.

Kadın iddiasında diretmiş:

– Ben, senin karının çok gezdiğini, kendi gözlerimle görüyorum, demiş.

Nasreddin Hoca da fikrinde diretmiş:

– Ben de, yanlış olduğunu söylüyorum. Eğer senin dediğin gibi, **bizim hanım çok gezseydi, arada sırada bizim eve de uğrardı...**

GEÇİNMEYE GÖNLÜ OLMADIKTAN SONRA

Nasreddin Hoca, karısıyla hiç geçinemiyormuş. Bir gün aralarında büyük bir kavga çıkmış. Hoca karısını Kadı'ya şikayet etmiş.

Kadı, Nasreddin Hocaya sormuş:

– Karınızın babasının adı ne?

Nasreddin Hoca:

– Bilmiyorum, cevabını vermiş.

Kadı:

– Karınızın adı ne? demiş.

Nasreddin Hoca:

– Onu da bilmiyorum... cevabını verince, Kadı, sinirlenerek bağırmış:

– Behey adam, yıllardır bu kadınla evlisin, daha adını bile öğrenemedin mi?

Nasreddin Hoca, hiç sükûnetini bozmadan:

– Sinirlenmeyin, Kadı Efendi, demiş. **Benim geçinmeye gönlüm olmadığı için, bugüne kadar adını bile sormadım.**

TARTILAN ET Mİ, KEDİ Mİ?

Hoca'nın canı et yemek ister... İki okka et alarak eve bırakır ve karısına akşama pişirmesini söyler...

Hoca gün boyunca, akşama yiyeceği etin hayalini kurar. İştahı kesilmesin diye o gün öğle yemeği bile yemez.

Aksilik bu ya, o gün öğle vakti Hoca'nın evine karısının akrabaları misafirliğe gelirler.

Kadıncağız akrabalarına karşı küçük düşmemek için, Hoca'nın getirdiği eti onlara yedirir.

Nasreddin Hoca akşam üzeri, eve gelip iştahla sofraya oturur. Ama önüne sade suda pişmiş bulgur pilavı konur.

Hoca hem bozulur, hem de şaşırır:

– Et yemeği nerede? diye sorar.

Kadın, eti akrabalarına yedirdiğini söyleyemez.

25

Bahane olarak:

– Kedi yedi! der.

Hoca bu bahaneyi yutmaz. Hemen odanın bir köşesinde yatmakta olan kediyi alır, tartıya vurur. Kedi tam iki okka gelir.

Hoca, öfkeli bir sesle:

– Bak, hanım der. Kedi tam iki okka çekiyor. Ben de sana iki okka et bırakmıştım. **Eğer bu iki okka çeken, kedi ise, et nerede? Yok, tarttığım et ise, kedi nerede?**

KİME GÖRÜNEYİM?

Eski zamanlarda bir kadın ancak kocasına, kendi akrabalarına, bir de kocasının sakınca görmediği yakınlarına görünebilirdi.

Yine eskiden gelin, erkeğin kadın akrabaları tarafından görülür, beğenilirse evlilik kararı verilirdi. Koca, çok defa karısının yüzünü ancak evlendiği gece görebilirdi.

İşte Nasreddin Hoca'yı da bu görücü geleneğine göre evlendirirler. Hoca ilk gece karısının yüzünü görünce, felaket derecede çirkin olduğunu farkeder. Fakat olan olmuştur.

Ertesi sabah, kadın nazlanarak Hoca'ya sorar:

– Kocacığım! Kime görüneyim, kime görünmeyeyim? Bu konuda bana bir şey söylemedin...

Bu soru, Hoca'nın bütün sabrını bitirir. Karısına çıkışırcasına cevap verir:

– **Bana görünme de, kime görünürsen görün.**

GÜLMEZ SULTAN

Nasreddin Hoca'nın karısı, hep asık suratlıymış. Gülmek nedir hiç bilmezmiş.

Hoca pekçok kere ona bu sevimsiz huyunu terketmesi için ricada bulunmuş, ama bir türlü yüzünü güler hale getirememiş.

Bir akşam yorgunluktan bitkin bir halde eve dönen Hoca, kapıyı çalmış. Karısı her zamanki gibi asık suratla onu karşılamış.

Nasreddin Hoca,

– Nedir bu suratın? Yüzünden düşen bin parça oluyor. Bu gülmez sultanlıktan ne zaman vazgeçeceksin? diye karısına söylenmeye başlamış.

Kadın kendine bir bahane bulmak için:

– Komşularımızdan bir kadın öldü de, ailesine başsağlığı dilemeye gittim. Cenaze evinden gelen kimse gülmez ki... demiş.

Hoca bu bahanenin geçersiz olduğunu şu sözlerle ifade etmiş:

– Haydi, haydi! Ben senin düğün evinden geldiğin zamanı da bilirim.

SANA GÖRE HAVA HOŞ!

Nasreddin Hoca, evde karısıyla uyumaktadır. Gecenin ilerlemiş bir saatinde bir tıkırtı ile uyanırlar. Kulak verince kapısının arkasında, iki kişinin fısıldaşmakta olduğunu duyarlar. Bunlar, eve sessizce girmiş iki hırsızdır.

Aralarında şöyle konuşurlar:

– Çok iyi. Hoca uyuyor. Şimdi hiç gürültü etmeden içeriye girelim. Hocayı hemen boğup öldürelim. Ahırdaki oğlağı da keselim. Karısını yanımıza alır, evde ne bulursak çuvallara doldurur, dağa kaçarız.

Nasreddin Hoca bu fısıltıyı duyunca, hemen hızlı hızlı öksürür. Hırsızlar Hoca'nın uyanık olduğunu anlar anlamaz, hemen pencereden atlayıp kaçarlar.

Karısı, Hocanın hırsızları tutmak için peşlerinden koşmadığını görünce:

– Amma da korkakmışsın be Hoca! der. Neden peşlerinden kovalamıyorsun?

Hocanın cevabı hazırdır:

– Öyle ya, **sana göre hava hoş. Fakat sen gel, başımıza gelecekleri bir bana ve bir de oğlağa sor!**...

BU KADAR TAVUĞA BİR HOROZ LAZIM

Akşehir çocukları, bir gün genç Nasreddin'i hamama götürürler ve göbektaşı üzerine oturdukları sırada daha önce kararlaştırdıkları planı uygulamaya sokarlar.

Birbirlerine:

– Bu hamamın suyunda yıkanan insan yumurtlamaya başlar. Herkes yumurtlayıp yumurtlamadığına baksın! Kim yumurtlamazsa hamam parasını o versin! derler.

Hep birden gıdaklamağa başlarlar. Bir taraftan da yanlarında getirdikleri yumurtaları el çabukluğu ile mermerin üstüne bırakırlar.

Genç Nasreddin arkadaşlarının hilesini anlar, ama hiç telaş göstermez. Hemen göbektaşına çıkıp horoz gibi çırpınıp ötmeye başlar. Çocuklar:

– Nasreddin, ne yapıyorsun? diye sorarlar.

Genç Nasreddin'in cevabı hazırdır:

– **Bu kadar tavuğa, bir horoz lazım değil mi?**

ÇOCUK BU! CEVİZ OYNAMAYA GELİR

Nasreddin Hoca'nın karısı hamiledir. Vakti tamam olur. Fakat bir türlü doğum gerçekleşmez.

Bütün komşular, mahallenin ebesi, yandaki odaya dolarlar. Kadıncağız, ızdırap içinde kıvranmaktadır.

Bu sırada kadınlardan biri Hocanın yanına gelir:

– Hoca efendi, karın bir türlü kurtulamıyor. Bildiğin bir dua varsa, oku da çocuk doğsun! der.

Hoca:

– Bunun için bildiğim bir dua yok ama, bildiğim bir usul var, der. Hemen evden çıkar. Bakkaldan bir avuç ceviz alarak geri döner. Bunları karısının yatmakta olduğu doğum odasına atar.

– **Çocuk değil mi bu?** der. **Ceviz sesini duyar duymaz, hemen oynamak için çıkar!**

CÜBBENİN İÇİNDE BEN DE VARDIM

Bir gün Hocanın evinde bir gürültü kopmuş. Hoca hiddet içinde evden çıkınca, onu gören komşusu:

– Hayrola Hoca Efendi, demiş. Sizin evde bu sabah epeyce gürültü vardı.

Nasreddin Hoca içini çekerek cevap vermiş:

– Evlilik hali... Hanımla biraz atıştık da...

– Kavganızı duyduk. Ama arkasından çıkan gürültü neydi?

– Bizim karı bana kızdı. Cübbeme bir tekme attı. Cübbem de paldır küldür merdivenlerden aşağıya yuvarlandı. Duyduğunuz, herhalde onun gürültüsüdür.

– Aman Hoca Efendi. Hiç cübbe merdivenden düşerken bu kadar gürültü çıkarır mı?

Nasreddin Hoca anlayışsızlığın bu kadarına artık dayanamamış.

– Sen de amma uzun ettin be komşu, demiş. **Yuvarlanırken cübbenin içinde ben de vardım işte...**

KÖR DÖVÜŞÜ

Nasreddin Hoca çocukluğunda çok haşarı ve şakacı idi.

Bir gün birkaç âmâ, bir kahvenin önünde oturuyorlardı. Küçük Nasreddin de çarşıya gitmek için oradan geçiyordu. Elindeki para kesesini körlerin kulakları dibinde şangır şungur şakırdatarak:

– Alın şu paraları da, aranızda paylaşın! dedi.

Fakat kimseye hiçbir şey vermeden uzakta bir köşeye çekildi, olacakları seyre başladı. Âmalar: "Sana verdi, yok bana vermedi" diyerek birbirlerine düştüler, yaka paça kavgaya tutuştular. Ortalık iyice karıştı.

Küçük Nasreddin, karşıdan olanları seyredip şöyle söylüyordu:

– **İşte kör döğüşü buna derler!**

BÖYLE GİDERSE HİÇ

Soğuk, rüzgarlı bir günde Nasreddin Hoca eşeğine binip evine gidiyormuş. Giderken de yolda kavrulmuş mısır unu atıştırıyormuş.

Fakat rüzgar çok kuvvetli esiyormuş. Her seferinde bu kavrulmuş mısır ununu havaya uçuruyormuş. Hocanın ağzına nerdeyse hiçbir şey girmiyormuş.

Bir tanıdığı Hocayı bu halde görünce takılmadan edememiş:

– Hoca, ne yapıyorsun yine?

Nasreddin Hoca hiç istifini bozmadan cevap vermiş:

– **Böyle giderse hiç!**

O DUA SİZDE, BU AKIL BİZDE İKEN...

Nasreddin Hoca bir gece, damda bir hırsızın gezindiğini hisseder. Sesini yükselterek karısına şu sözleri söyler:

– Hatun! Geçen gece geldim, kapıyı çaldım, duymadın. Ben de şu duayı okudum. Ayın ışığına yapışıp eve girdim.

Bacadan konuşmaları dinlemekte olan hırsız, hocanın okuduğu duayı hemen ezberler. Sonra duayı okur, iki eliyle ayın ışığına sarılıp yavaşça ineceği zannıyla kendini damdan aşağıya bırakıverir. Büyük bir gürültüyle yere çakılır. Hoca hemen koşup hırsızın yakasına yapışır.

– Karı, çabuk mumu getir, hırsızı yakaladım!

diye hanımını da yardıma çağırır. Acıdan inlemekte olan hırsız ise, şöyle sızlanır:

– Hocam acele etme. **O dua sizde, bu akıl bizde iken öyle kolay kolay elinizden kurtulamayız.**

GÖREV AYRIMI

Hocanın evinde, bir gün kaza ile yangın çıkar. Komşuları koşup Hocayı bulurlar.

– Efendi, evin yanıyor, derler.

Hoca umursamaz bir tavır takınarak:

– Vallahi komşular.. der. O benim sorumluluğumda değil. Biz hatunla işleri aramızda taksim ettik. **Ben evin dışında olup bitenlerle meşgul olurum. Hatun da evin içişlerine bakar.** Varın, siz yangın haberini, bizim hatuna yetiştirin.

DÜŞMESEM DE ZATEN İNECEKTİM!

Nasreddin Hoca bir gün eşeğini koştururken düşer. Onu düşerken gören çocuklar:

– A... Nasreddin Hoca eşekten düştü. Nasreddin Hoca eşekten düştü!. Diye alaya alırlar.

Nasreddin Hoca, hiçbir şey olmamış gibi:

– Önemi yok, çocuklar, der. **Düşmesem de zaten inecektim...**

GÜVERCİN ERKEK MİYDİ, DİŞİ Mİ?

Nasreddin Hoca, vaizliği sırasında bir gün Nuh Peygamber kıssasını anlatıyormuş. Cemaat de kendisini can kulağıyla dinliyormuş. Nihayet kıssanın son kısmına gelinmiş. Nuh Peygamberin, Tufandan sonra sular çekilirken bir güvercini salıverdiğini ve güvercinin ağzında bir otla döndüğünü, böylece artık karanın yakın bulunduğunun anlaşıldığını nakletmiş.

Cemaat arasında bulunan geveze bir kadın, beklenmedik bir soru sormuş:

– Hoca efendi, Nuh Peygamberin salıverdiği bu güvercin, erkek miydi, dişi miydi? demiş.

Nasreddin Hoca, bir süre düşündükten sonra, sorunun cevabını hemen bulmuş:

– Erkek idi... demiş.

– Nereden bildin? Kitapta yeri mi var?

– Hayır! Kitaplarda bu yolda bir kayıt yok. Ama insanda akıl var. Hiç Nuh Peygamberin salıverdiği **güvercin dişi olsaydı,** çenesini o kadar müddet kapalı tutabilir miydi? Taşıdığı otu, gemiye getirmeden yolda çoktan düşürürdü.

ESKİSİNİ ŞİMŞEK YAPARLAR

Bir gün Hoca kıra gezmeğe çıkmış. Bir çobanla karşılaşmış. Çoban Hoca'ya şu soruyu sormuş:

– Ay, küçücük doğar, büyür, tekerler olur, on beşinden sonra gene küçülüp hilal şeklini alır; acaba eskiyi neylerler?

Hoca gülmüş:

– İlahi çoban, bu kadarcık şeyi bilemedin mi? demiş. **Eski ayı uzatırlar, şimşek yaparlar.** Görmez misin, gök gürleyince kılıç gibi nasıl uzayıp parlar...

ALLAH'A BORCUNU GEÇ ÖDEYEN KULA NE ZAMAN ÖDER?

Nasreddin Hoca, bir vakit zeytin satmaya niyetlenmiş. Bir küfe zeytin alıp pazara çıkmış.

Bir kadın yaklaşmış. Fiyatını sormuş zeytinin. Öğrenince de çok pahalı olduğunu söylemiş.

Nasreddin Hoca, ısrar etmiş:

– Bir tadına bak hele... Ye bir tane... Beğenirsin belki...

Kadın:

– Beğensem bile, peşin para veremem, demiş.

Nasreddin Hoca:

– Senin rahmetli kocanla dostluğumuz vardı. Ne olacak, sonra verirsin parasını, diye kolaylık göstermiş.

Kadın, nazlanmasını sürdürmüş:

– Tadamam Hoca Efendi, demiş. Bugün oruçluyum... Üç yıl önceki Ramazanda hastalandığımdan dolayı, bir hafta kadar oruç tutamamıştım da, şimdi ödüyorum borcumu...

Nasreddin Hoca, kadının söyledikleri üzerine düşünmeye başlamış:

Sonra da:

– Hanım, hanım, hadi sana güle güle... demiş. Ben zeytini satmaktan vazgeçtim. Çünkü **Allah'a olan borcunu üç yıl sonra ödeyen biri, kulun zeytin borcunu kimbilir ne zaman öder?**

PARAYI VEREN DÜDÜĞÜ ÇALAR

Nasreddin Hoca, bir gün, Akşehir pazarına gitmek üzere yola çıkar.

Mahallenin çocukları onu görünce başına toplanıp, istekte bulunurlar.

– Hoca Efendi, n'olur bize pazardan düdük al... derler:

Nasreddin Hoca da çocukların elinden kurtulmak için:

– Peki, alayım, der.

Sadece çocuklardan birisi, elindeki parayı vererek:

– Şu parayı al ve benim düdüğümü sakın unutma Hocam! der.

Parayı alıp cebine koyan Hoca, çocukların yanından uzaklaşarak yoluna devam eder.

Çocuklar, akşam üstü, Nasreddin Hoca'nın yolunu gözlerler.

Bir süre sonra, Hocanın eşeği uzaktan görünür.

Çocuklar, O'nun döndüğünü anlayınca, hep bir ağızdan:

– Hoca Efendi, hani bizim düdüklerimiz? diye etrafını alırlar.

Nasreddin Hoca, sadece parayı veren çocuğa düdüğü uzatarak şöyle der:

– Hiçbirinize bir şey yok. Yalnız bu arkadaşınıza var. Çünkü **parayı veren, düdüğü de çalar.**

BEN YAPACAĞIMI BİLİRİM

Nasreddin Hoca, bıkıp usanmış artık Timurlenk'in yaptıklarından. Ve bir gün, her şeyi göze alarak huzuruna çıkmış.

Timurlenk'e:

– Bana bak, demiş. Akşehir'den gidecek misin,

yoksa gitmeyecek misin?

Timurlenk, Nasreddin Hoca'nın bu sorusuna önce şaşırmış. Sonra sinirli bir biçimde:

– Gitmeyeceğim... Ne olacak? diye sormuş.

Nasreddin Hoca:

– Eğer sen Akşehir'den gitmezsen, ben yapacağımı bilirim, demiş.

Timurlenk'in bu tehdidkâr söz karşısında sinirleri iyice bozulmuş.

– Ne yaparsın ki be adam? diye bağırmış.

Nasreddin Hoca ne yapacağını şu sözlerle açıklamış:

– **Eğer sen buradan gitmezsen, kasabalıyı alıp ben buradan gideceğim...**

UN HELVASI

Nasreddin Hoca, bir sohbet sırasında, un helvasını çok sevdiğini, ama bir türlü yemek kısmet olmadığını söyler.

Orada bulunanlardan biri:

– Helva öyle zor pişirilecek bir şey değil, der.

Nasreddin Hoca, adamı doğrular:

– Çok haklısın, ama bir türlü pişirip yiyemedik işte! Bazan un bulundu, ama yağ bulunmadı... Sonra yağ bulundu, ama şeker bulunamadı...

Adam, Nasreddin Hoca'nın sözünü keserek:

– Peki Hoca'm!. Bu üç şeyi biraraya getirmek mümkün olmadı mı hiç? diye sorar.

Nasreddin Hoca, bir süre acı acı gülümsedikten sonra şu cevabı verir:

– **Bazen belki üçünün biraraya geldiği oldu ama, o zaman da ben, helvanın yapıldığı yerde bulunamadım!...**

YATMADAN ÖNCE YENEN ÜZÜM

Bir tanıdığı Hoca'nın evine konuk olur. Akşam yemeği yenilir, içilir. Gece yarısına kadar tatlı sohbetler edilir. Tam yataklar hazırlanmaya başlandığı sırada, konuk bir türkü mırıldanmaya başlar:

"Bizim eller bizim eller,

Yatar iken üzüm yerler."

Hoca konuğun böyle ince bir şekilde üzüm istemesine gülümser. Eliyle konuğa yatacağı yeri gösterirken, diliyle de şöyle der:

"Bizde böyle âdet yoktur,

Saklarlar da güzün yerler."

YA SECDEYE KAPANACAĞI TUTARSA?

Nasreddin Hoca, bir gün Akşehir'in dışına çıkar. Gece olduğunda da bir handa konaklar.

Han öylesine viranedir ki, merdivenleri neredeyse çökecek gibidir.

Yatar yatağına. Ama sağdan, soldan gelen gıcırtılar yüzünden, gözüne bir türlü uyku girmez.

Sonunda dayanamaz. Han sahibini çağırır:

– Birader, neredeyse tavan başımıza yıkılacak. Yarın sabahtan itibaren, burayı hemen onartmaya başla sen, der.

Han sahibi, Nasreddin Hoca'yı daha fazla konuşturmaz.

– Hoca Efendi, der. Boş yere telaşlanıp korkutma kendi kendini. Sağdan, soldan, tavandan, tabandan gelen sesler, hanın çürüklüğünden değildir. Sen din adamısın, daha iyi bilirsin, ağaçların Allah'ı tesbih ettiklerini. İşte duyduğun çıtırtılar, tıkırtılar, tahtaların Allah'ı tesbih sesleridir.

Nasreddin Hoca, han sahibinin, laf anlıyacak biri olmadığını görünce:

– Haklısın, haklısın der, işte ben de **tavanın bir gün tesbih çekmeyi yeterli bulmayıp secdeye kapanmasından korkuyorum...**

TEKE BURCU

Bir gün Hocaya senin burcun nedir? derler.

– Tekedir, der.

– Hoca, burçlar ilminde, hiç teke diye bir burç yoktur.

Hoca:

– Ben çocuktum, annem burcuma baktırdı. O zaman oğlak dediler.

– O halde, burcunu teke değil oğlak desene...

Hoca bu itiraza şu cevabı verir:

– Behey kafasızlar! **Annem benim burcuma baktıralı kırk yıl oldu. O zamandan beri, oğlak teke olmadı mı sizce?**

ODUN YARANLA HINK DEYİCİSİ

Kadılık yaptığı günlerde, Hocaya müracaat eden birisi bir adamdan davacı olduğunu söyler. Nasreddin Hoca:

– Hakkın nedir? Bu adamdan ne istersin? diye sorar.

Davacı anlatır:

– Bu adam birisine otuz çeki odun yardı. O, her baltayı vurdukça, ben de karşısına geçtim, hınk, hınk diye ona kuvvet verdim. Kendisi bütün paraları aldı, benim hakkımı vermedi.

Hoca, iddiayı dinledikten sonra davacıya:

– Evet, hakkın var. Sen karşısında dur, hınk diyerek bu kadar yorul, sonra bütün parayı o alsın, bu olur mu?

Davalı haykırır:

– Aman Kadı hazretleri, ne yapıyorsun? Odunu yaran benim. Onun karşımda seyretmekten başka yaptığı ne var?

Hoca:

– Sus, senin aklın ermez! der. Çabuk bana bir tahta getirin.

Tahtayı getirirler. Hoca odun yarıcıdan paraların tamamını alır. Yüksekten birer birer tahtanın üzerine bırakır. Neticede odun yarana:

– Al şu paraları! der.

Hınk diyene de:

– Haydi, sen de paraların sesini al! Diyerek davayı kökünden halleder.

GETİR CÜBBEMİ, AL SEMERİNİ!

Bir gün Hoca, eşeğine binip şehir dışındaki bahçesine gider.

Yolda sırtından cübbesini çıkarıp, eşeğin üzerine kor. Kendisi bir iki adım ileride abdest tazeler.

Başıboş hayvanın üstündeki cübbeyi gören bir bahçıvan, sessizce hayvana yaklaşır, hocanın cübbesini alıp, savuşur.

Hoca abdestini tamamlayınca, bakar ki cübbe çalınmış. Hemen eşeğin semerini aşağı indirir. Hayvanın sırtına da kuvvetli bir kamçı indirip şöyle söyler:

– Nasıl çaldırdınsa öylece getir cübbemi, al semerini.

İNANMAYAN ÖLÇSÜN

Bir gün komşuları Hocaya şöyle bir soru sorarlar:

– Hocam! Sen bilgili bir adamsın. Söyle bakalım, bu dünyanın tam orta yeri neresidir?

Hoca önce biraz düşünür, sonra kurnaz kurnaz gülümser:

– Benim durduğum yerdir, diye cevap verir.

Adamlar şaşırarak:

– Aman Hoca, bu ne biçim söz? derler.

Hoca, hiç istifini bozmadan şöyle karşılık verir:

– İnanmayan ölçer.

FERYADIN VAKTİ VAR!

Nasreddin Hoca, bir gün odun getirmek için ormana gider.

Odun toplarken, bir de bakar ki, eşeği ortalarda yok. Seslenir, bağırır, çağırır, ama eşek bir türlü meydana çıkmaz.

Odunları bir kenara koyup, türkü söyleyerek ağır ağır aramaya başlar.

Hocayı türkü söyler halde gören köylüler:

– Hayrola Hoca Efendi, ne yapıyorsun böyle? derler.

Nasreddin Hoca:

– Bizim eşek kayboldu da, onu arıyorum diye cevap verir.

Köylüler:

– Eşeği kaybolan adam böyle türkü mü söyler? diye garipserler.

Nasreddin Hoca, sorar:

– Ya ne yapar?

Köylüler:

– Telaşlanıp, feryad eder, derler.

Nasreddin Hoca, gülümseyerek şu cevabı verir:

– **Bir umudum kaldı, o da şu dağın ardında. Eğer eşeğimi orada da bulamazsam, siz asıl o zaman bendeki feryadı seyredin...**

GALİBA YİNE ANNENİ DARILTTIN

Hocanın eşeği ölmüş. Pazardan yeni bir eşek almış. Hoca, eşeğin yularını çekip ardına bakmadan yoluna devam ederken iki hırsız sözleşip yavaşça eşeğin yularını sıyırmışlar. Biri eşeği pazara götürüp satmış. Öteki de yuları başına geçirip Hoca ile beraber evinin kapısı önüne kadar gelmiş. Hoca arkasına dönüp eşek yerine adamı görünce şaşa kalmış.

– Ayol sen kimsin?

Kurnaz hırsız, sesine de üzüntülü bir ton vererek uydurduğu şu hikayeyi anlatmış:

– Ah, Hoca hazretleri, cahillik. Anamın huzurunda bir gün bir eşeklik ettim. Aşırı derecede canını sıktım. O da: "Dilerim eşek olasın" diye beddua etti. Derhal eşek oldum. Beni pazara götürüp sattılar. Siz aldınız. Sizin mübarekliğiniz sebebiyle tekrar adam oldum!

Hocaya tekrar tekrar teşekkürler etmiş. Hoca da:

– Haydi bir daha öyle haylazlık etme! diyerek adamı salıvermiş.

Ertesi gün tekrar eşek almak için pazara gitmiş. Bakmış ki dünkü aldığı eşek, yine canbaz elinde dolaşıyor. Hoca hemen eşeğin kulağına eğilmiş ve gülerek şöyle söylemiş:

– Seni gidi haylaz seni, galiba sözümü dinlemeyip yine anneni darılttın!

HEYBEDE NAR KALMAYINCA...

Adamın birinin aklına bazı sorular takılıyormuş. Okumaları, araştırmaları fayda etmeyince, Hoca'ya danışmaya karar vermiş. Arayıp bulmuş onu. Dileğini anlatmış.

– Hayatta her şeyin bir karşılığı olmalı evlat... diye cevap vermiş Hoca.

– Ne demek istiyorsun?

– Ben, sorduklarının cevabını veririm, ama her cevap için heybendeki narlardan birini isterim, evet mi?

– Evet, demiş adam.

– Sor soracağını öyleyse.

Adam başlamış sorusunu sormaya. Cevabını aldıkça heybesindeki narlardan birini Hoca'ya veriyormuş. En sonunda bir sorusu kalmış. Onu da sorarak verilecek cevabı beklemiş.

Hoca:

– Bak işte bu soruya cevap veremem, demiş.

Her sorusuna cevap aldığı için şaşıran adam:

– Neden cevap veremezsin Hoca efendi? diye sormuş.

Hoca tatlı tatlı gülmüş:

– **Görmüyor musun, heybende nar kalmadı?..**

İÇİNDE GİTMEYİN DE...

Nasreddin Hoca, bir gün evden çıkıp camiye doğru gitmeye başlamış.

Arkasından yetişen komşularından birisi:

– Hoca'm demiş. Size bir şey sormak istiyorum.

Hoca duraklamış.

– Sor bakalım, demiş.

Komşusu ona:

– Cenazeyi götürürken, tabutun önünden mi gidilmesi gerekir, yoksa arkasından mı? diye sormuş.

Nasreddin Hoca bu soruya gülerek cevap vermiş:

– İlahi komşum! **İçinde gitme de, neresinden gidersen git...**

HEYBEYİ DE Mİ EŞEĞE YÜKLETELİM?

Hoca bir gün pazara gider. Aldığı sebzeleri heybesine doldurur. Heybeyi de omuzuna yüklenerek eşeğine biner. Yolda birisi Hocaya sorar:

– Yahu, neye heybeyi eşeğin terkisine koyup da rahat rahat gitmiyorsun?

Hoca kızarak cevap verir:

– İnsaf be adam! Biçare hayvancağız bizim ayağımızı yerden kaldırır. Fazladan olarak bir de heybemizide mi ona yükliyelim?

SAHİBİ ÖLMÜŞ EŞEK

Bir gün karısı ile konuşurken bir soru gelir Hoca'nın aklına. Hemen sorar:

– Hanım, insanın ölmek üzere olduğu neresinden belli olur?

Beklenmedik bu soruya ne desin kadıncağız! Hoca'nın sorusunu geçiştirmek için, şöyle der:

– Allah gecinden versin efendi.. Önce eli ayağı buz kesilir. Sonra da donmaya başlar.

Bu sözler adeta Hoca'nın beynine kazınır. Aklından bir türlü çıkmaz.

Bir kış günü dağda odun kesmeye çalışırken Hocanın soğuktan eli ayağı tutmaz olur, buz gibi donmaya başlar. Birden karısının sözleri aklına gelir.

– "Demek ölüyorum artık!" diyerek yere boylu boyunca yatar. Hiç kımıldamaz.

Bu sırada birkaç aç kurt çıka gelir dağın içlerinden. Hemen Hoca'nın eşeğine saldırırlar. Parçalamaya başlarlar hayvanı. Mal canın yongasıdır ya! Hoca, ölmek üzere olduğuna inanmış bile olsa, başını kaldırıp kurtlara acı acı bağırmaktan gene de kendini alamaz:

– Sizi fırsat düşkünleri sizi!... Buldunuz sahibi ölmüş bir eşek, çekin bakalım kendinize ziyafet...

ESKİ KİLİMİ BOZUP
HEYBE YAPACAKTIM!

Bir köye misafir olan Nasreddin Hoca, heybesini kaybeder. Köylülere:

– Ya heybemi bulursunuz, yahut ben yapacağımı bilirim, der.

Köylüler, hocanın bu sözlerinden telaş ederek heybeyi arar, bulurlar. Kendisine teslim edip özür dilerler. Nasreddin Hoca köyden ayrılırken, uğurlayanlardan birisi merak ederek sorar:

– Kuzum Hoca, heybeyi bulmasaydık ne yapacaktın?

Hocanın cevabı hazırdır:

– Evde eski bir kilim vardı, onu bozup heybe yapacaktım, oğul!

SUÇUN BÜYÜĞÜ ÖKÜZDE

Nasreddin Hoca'nın bir buzağısı vardır. Buzağı bir gün ahırdan kaçar. Ve sonra da bahçenin altını, üstüne getirip viraneye çevirir.

Nasreddin Hoca, çok kızar buna. Gider öküze bağırıp çağırmaya başlar.

Komşuları:

– Hoca Efendi, ne yapıyorsun, öküze neden kızıyorsun? derler.

Nasreddin Hoca:

– Buzağısı, diktiğim sebzeleri mahvetti, der.

Komşulardan birisi:

– Peki, bunda öküzün ne suçu var? diye sorar.

Nasreddin Hoca:

– Siz karışmayın, diye cevaplar. **Bütün suç öküzde... Doğru dürüst terbiye verseydi, hiç buzağı bu yaramazlığı yapar mıydı?**

DOSTLAR ALIŞVERİŞTE GÖRSÜN

Nasreddin Hoca, bir ara ticarete merak salmış. Yumurta alıp satmaya başlamış. Ancak dokuz tanesini bir akçeye aldığı yumurtaları, pazarda, on tanesini bir akçeye, zararına satıyormuş.

Bu garip, sebebi anlaşılmayan alışverişi görenler Nasreddin Hoca'ya:

– Aman Hoca'm, bu ne biçim bir ticaret? Kârsız bir şey satılır mı? Kaldı ki sen, kâr edecek yerde, zarar da ediyorsun. Maksadın nedir? demişler.

Nasreddin Hoca:

– Sizler bunu anlayamazsınız... demiş. **Maksat, dostlar alışverişte görsün. Bunun zevki bize yeter...**

YEMEĞİN BUHARINI YİYEN, ÜCRETİNİ PARA SESİ OLARAK ÖDER

Nasreddin Hoca'nın, Akşehir'de Kadı'lık yaptığı günlermiş.

Yoksul bir adam, eline geçirdiği ekmek parçası ile birlikte, bir aşçı dükkanının önüne gitmiş, orada fıkır fıkır kaynamakta olan et çömleğinin başına gelmiş.

Ve sonra ekmeğini, çömlekten çıkan buhara tutarak yemeye başlamış.

Bunu gören dükkanın sahibi adamın yakasına yapışmış.

– Ver bakalım tirit yemeğinin parasını, demiş.

Yoksul adam:

– Yahu, ben senin ne etinden aldım, ne de etinin suyundan. İnsaf et... diye itiraz etmiş.

Dükkan sahibi, yoksul adamın yakasını bırakmamış. Tuttuğu gibi Kadı Nasreddin Hoca'nın önüne çıkarmış.

Olayı anlattıktan sonra:

– Bu adamdan şikayetçiyim. Yemeğimin buharından yedi. Paramı isterim Kadı Efendi, demiş.

Nasreddin Hoca, derhal yoksul adamın ifadesini almış.

Olay hakkında bir kanaat sahibi olunca, cebinden birkaç akçe çıkarıp, avucunda sallamaya başlamış.

Sonra da dükkan sahibine:

– Bu para sesini duydun mu? diye sormuş.

Dükkan sahibi:

– Duydum, Kadı Efendi! deyince, Nasreddin Hoca taşı gediğine koymuş:

– **Yemeğin buharını yemenin ücreti, ancak paranın sesini duymaktır. Hakkını al da, durma git.**

EŞEĞE YEMİNİ KİM VERECEK?

Nasreddin Hoca ile karısı, ahırdaki eşeğe yem verme konusunda inatlaşmışlar.

Sonunda bahse girmişler. Ağzını kim ilk açarsa, eşeğe yemi onun vermesini kararlaştırmışlar.

Kadın daha sonra evden çıkmış, komşusuna gitmiş.

Nasreddin Hoca da, evin ortasında oturup hiç ses çıkarmadan beklemeye başlamış.

Bir süre sonra, eve bir hırsız girmiş. Nasreddin Hoca'nın sessiz sedasız oturmasından yararlanarak evde ne var, ne yoksa, tüm eşyaları bir çuvala koyup gitmiş:

Bir-iki saat sonra Hocanın karısı eve gelmiş. Eşyaların çalındığını görünce, Nasreddin Hoca'ya.

– Efendi, eve hırsız girmiş, sen neden sesini çıkarmadın? diye çıkışmış.

Nasreddin Hoca, karısı konuşunca, sevinçle yerinden fırlamış:

– Hadi bakalım hanım! demiş. **Aşağı in, eşeğin yemini ver.**

Evin eşyaları çalınmışsa da Hocaya bahsi kazanmanın keyfi yetmiş.

UÇMASINI ÖĞRENMİŞ, AMA....

Bir gün Nasreddin Hoca, dağa odun getirmeye gider.

Dönüşte beklenmedik bir şey olur. Birden eşeğin ayağı kayar, uçurumdan aşağı yuvarlanır.

Üzüntüyle aşağıya doğru uzanıp bakar Hoca. Eşeğin uçurumun dibinde kımıldamadan yattığını görünce:

– **Bizim eşek uçmasını öğrenmiş, ama ne yazık ki, konmasını öğrenememiş**, der.

EKSİK ALTIN

Hoca bir gün dostlarıyla otururken, tanımadığı bir adam yanına yaklaşır; elindeki altını:

– Hoca efendi şunu bozuversene, diye Hocaya uzatır.

Hoca'nın hiç parası yoktur cebinde. "Param yok. Bozamam." demeye de arkadaşları içinde utanır.

– Şimdi sırası mı para bozmanın, görüyorsun işim var, diyerek, adamı başından savmaya çalışır. Ama adam halden bir türlü anlamaz. Hoca sonunda çaresiz kalır.

– Ver bakalım şunu, diye altını eline alır.

Şöyle bir evirip çevirir, eliyle tartar. Sonra adama geri verir.

– Eksik bu altın, bozamam ben, der.

Adamın inadı üstündedir:

– Ne kadar eksikse, o kadar eksiğine boz, der.

Hoca artık dayanamaz:

– **Evlat, o kadar eksik ki bir altın da üste vermen gerekir!** deyiverir.

BAŞINI EVDE UNUTMASIN

Hoca'nın Konyalı bir arkadaşı vardı. Ticaretle uğraşan bu adam sık sık Akşehir'e gelir, Hoca'nın evinde konuk olur; yer, içer, yatıp, kalkar, sonra da çekip giderdi. Her ayrılışında da:

– Hocam, ben her gelişte sana uğruyorum. Sen de Konya'ya işin düşerse, beni aramayı unutma derdi.

Hocanın bir gün Konya'ya işi düştü. Şehre varınca, hemen dostunu hatırladı. Varıp arkadaşıma gideyim. Hem gönlü hoş olur, hem de ben rahat ederim, diye düşündü. Dostunun tarif ettiği gibi, evi arayıp buldu. Kapıyı tam çalacağı sırada, pencerede perde aralığından dışarı bakan bir baş gördü. Arkadaşımı buldum, diye sevindi Hoca. Zili çaldı. Kapı hemen açıldı. Bir kadın:

– Kimi aradınız? diye sordu. Nasreddin Hoca:

– Ben Akşehir'den geliyorum, kocanızın yakın arkadaşıyım, diyecek oldu.

Ama, kadın, onun sözlerini yarıda kesti:

– Hoş geldiniz, safalar getirdiniz... Ama ne yazık ki, kocam evde yok, bir iş için başka şehre gitti. Ne zaman geleceğini de bilmiyorum.

Bu sözleri duyan Nasreddin Hoca, çok şaşırdı. Bir evin penceresine, bir de kadının yüzüne bakarak:

– Demek öyle! dedi.

Evden ayrılıp giderken, birden geri döndü. Kadına sitemli bir sesle:

– **Kocana benden selam söyle, bir daha evden ayrılırken, sakın başını pencerede unutmasın!...** dedi.

ACEMİ BÜLBÜL BU KADAR ÖTER!

Hoca gençliğinde, komşu bahçelerden birindeki zerdali ağacına çıkmıştı. Zerdalileri koparıp yerken bahçe sahibi çıka geldi.

– Ağaçta ne işin var? diye sordu.

Nasreddin Hoca bahane olarak:

– Bülbülüm, ötüyorum! Cevabını verdi.

Adam:

– Öyleyse öt bakalım, işitelim! dedi.

Hoca, ötmeğe başladı. Adam gülerek:

– Bülbül böyle mi öter? diye Hocayı alaya aldı.

Nasreddin Hoca sözün altında kalmadı.

– **Acemi bülbül bu kadar öter,** dedi.

KAPIYA NASIL SAHİP OLDU?

Hocanın çocukluğunda annesi bir sabah:

– Oğlum Nasreddin, der. Ben komşularla göl kenarına çamaşır yıkamağa gidiyorum. Göreyim seni **evin kapısına sahip ol, sakın kapıdan ayrılma.**

Küçük Nasreddin, annesinin sözüne uyup kapıda beklerken, köyden eniştesi gelir:

– Oğlum, akşam teyzenle beraber size geleceğiz, git annene haber ver, der.

Küçük Nasreddin'in evin kapısından ayrılmadan bu haberi annesine iletmesi gerekmektedir. Bu yüzden hemen kapıyı söküp sırtına yüklenir, doğru göl kenarına gider. Annesi, onu sırtında kapı ile görünce:

– Oğlum bu ne haldir? diye sorar. Küçük Nasreddin şu cevabı verir:

– **Sen bana kapıya sahip ol demedin mi?** Eniştem akşam bize gelecekmiş, git annene haber ver, dedi. İkinizin de isteğini yerine getirmek için, başka ne yapabilirdim?

BELKİ AĞAÇTAN ÖTEYE YOL GİDER

Bir gün mahalle arkadaşları aralarında anlaşırlar.

– Geliniz, Nasreddin'le biraz şakalaşalım, onu ağaça çıkarıp pabuçlarını elinden alalım, derler.

Sonra bir ağacın dibinde: "Kimse bu ağaca çıkamaz" diye yalandan bir bahse tutuşurlar. Küçük Nasreddin bu lafı işitince, hemen ortaya atılır, "ben çıkarım" der. Çocuklar da aksini savunurlar.

– Çıkamazsın. Oraya çıkmak, her yiğidin kârı değildir, git işine! Derler.

Nasreddin kızarak:

– Çıkar mıyım, çıkamaz mıyım, ben şimdi size gösteririm! diye harekete geçer.

Pabuçlarını koynuna sokmağa çalıştığını gören çocuklar:

– Pabucunu niye koynuna sokuyorsun? Ağaçta pabucun ne lüzumu var? derler.

Zeki Nasreddin arkaşlarının niyetini anlamıştır. Onlara şu cevabı verir:

– Belli mi olur arkadaşlar, hazır yanımda bulunsun, **belki ağaçtan öteye yol gider.**

DARGINMIŞ

Nasreddin Hoca, Sivrihisar'da bir camide imamlık yapıyordu.

Bir gün, o bölgenin polis müdürü (subaşı) ile kavga etti. Bu kavgadan sonra bir daha da birbirleriyle konuşmadılar.

Aradan günler geçti... Bir gün Polis Müdürü öldü.

Adamın cenaze törenine Nasreddin Hoca da katıldı. Gömme işi bittikten sonra, cenaze sahipleri, Nasreddin Hoca'ya başvurdular.

– Hoca'm, dediler, gel de kabrinde merhuma telkini sen ver...

Nasreddin Hoca bu teklifi kabul etmedi.

Cenaze yakınlarından biri:

– Neden? diye sordu.

Nasreddin Hoca:

– Bir başkasını bulun... Çünkü rahmetlinin benimle arası iyi değildi, dedi.

Adam anlamayıp yeniden sordu:

– Ne demek istiyorsun Hoca Efendi?

– **Rahmetliyle dargındık,** dedi Nasreddin Hoca. **Korkarım ki, o yüzden benim sözümü kabul etmez.**

HOCANIN ÇORBA HAYALİ

Nasreddin Hoca'nın bir gün canı çorba ister.

Kendi kendine:

– Ah, şimdi üstü naneli bir tarhana çorbası olsa da, doya doya içsem, diye düş kurar...

O sırada kapı çalınır. Nasreddin Hoca, hemen yerinden sıçrar ve kapıyı açar. Elinde bir kase ile komşunun çocuğunu karşısında bulur.

Sevinç içinde çocuğa sorar:

– Ne o yavrum, yoksa bana bir şey mi getirdin?..

Çocuk hayır manasında başını iki yana sallar, elindeki boş kaseyi uzatır:

– Hoca Efendi, annem çok hasta. Eğer varsa biraz çorba istiyoruz, der.

Nasreddin Hoca, bu beklenmedik istek karşısında şaşırıp kalır.. Kendi kendine söylenmeye başlar:

– Bizde de amma hassas komşular var. Kurduğum çorba hayalinin kokusunu ne de çabuk almışlar.

YA ON GÜNLÜK TAŞIMA ÜCRETİ İSTERSE!

Nasreddin Hoca, bir gün hamala bir yük yükletip birlikte yola giderken, hamalı gözden kaybeder. Arar, fakat bulamaz.

On gün sonra dostlarıyla birlikte yolda yürürken, içlerinden birisi:

– İşte senin aradığın hamal! der.

Hoca, hemen oradan kaybolur. Hamaldan kendini gizler. Dostlarıyla tekrar buluştuklarında:

– Yahu, adamı bulmuşken ne diye kaçtın? Sorusuyla karşılaşır. Onlara şu cevabı verir:

– Nasıl kaçmıyayım dostlar! Ya adam, benden, "on gündür yükünü taşıyorum, gündeliğimi isterim" diye **on günlük taşıma ücreti isteseydi ne yapardım?**

BİNMEK İÇİN İSTEDİM, AMA...

Nasreddin Hoca, bir gün yolda giderken çok yorulur.

Bir kenara oturarak düşünceye dalar.

– Ne olurdu şimdi bir eşeğim olsaydı da, sırtına binip rahatça yokuşu çıksaydım, der.

Bir süre sonra, yorgun eşeğini yokuştan çıkarmaya çalışan iri yarı, zorba bir adam gelir.

Nasreddin Hoca'ya:

– Hadi bakalım ahbap, der. Eşeğim çok yoruldu. Şunu sırtına al da, yokuşu çıkart.

Nasreddin Hoca, adamdan korkar.

Eşeği sırtına alıp yokuşu çıkarken:

– Bendeki şu şansa bak, der. **Üstüne bineceğim bir eşek düşlemiştim. Ama kısmetime, sırtıma binen bir eşek çıktı.**

PEŞİN AĞLAYIŞ

Bir gün, Nasreddin Hoca'nın karısı hastalanır. Akşam üzeri eve dönen Nasreddin Hoca, ağlamaya başlar.

Karısını ziyarete gelen komşu kadınlardan birisi:

– Aman Hoca Efendi! O kadar üzülme. Çok şükür şifasız bir hastalığa tutulmamış karın. Yakında iyi olur inşallah, der.

– Yok canım, ben şu an karım öleceği için ağlamıyorum, diye cevap verir Nasreddin Hoca.

– Niçin ağlıyorsun öyleyse şimdi? diye sorulduğunda da, şu cevabı verir:

– **İlerde iş güçten ağlamaya vakit bulamam belki de...**

TESTİYİ KIRMADAN ÖNCE...

Nasreddin Hoca, bir gün, su getirmesi için, oğlunu pınara gönderir. Yola çıkarken ona:

– Sakın testiyi kırma, dedikten sonra, bir tokat vurarak canını acıtır.

Çocuk, ağlamaya başlar.

Çocuğun ağladığını görenler:

– Hoca Efendi, derler. Zavallı yavrucağıza testiyi kırmadan neden tokat attın?

Nasreddin Hoca, yaptığı işin doğruluğundan emin şekilde:

– Sizin, böylesi işlere, aklınız ermez, der. Tokat acısı ile çocuk elindeki testiyi sıkıca tutup korur. Yoksa, **testi kırıldıktan sonra, tokat atmanın hiçbir yararı yoktur.**

DÜNYANIN DENGESİ BOZULUR

Komşularından birisi, Nasreddin Hoca'ya:

– Hoca Efendi, demiş. Şu insanlar ne kadar da

garip.

Nasreddin Hoca:

– Neresi garip? diye sormuş.

Komşusu:

– Sabah oldu mu, insanların bir bölümü o yana, bir bölümü bu yana gidiyorlar... Neden ola ki?

Nasreddin Hoca, gülümseyerek cevap vermiş:

– Neden olacak? **Hepsi bir tarafa gitmeye kalksa, şu küçücük dünyamızın dengesi bozulur da ondan...**

TİMUR'UN DEĞERİ

Bir gün Nasreddin Hoca, Timurlenk ile birlikte hamama gider.

Göbek taşına otururlar...

Konuşma sırasında, bir ara, Timurlenk gururlanarak sorar:

– Hoca, ben köle olsaydım, acaba kaç akçe ederdim?

Nasreddin Hoca şöyle bir bakar:

– Elli akçe, cevabını verir.

Timurlenk kızar, sert bir sesle:

– Hey, insafsız adam! Elli akçe, yalnız belimdeki kuşağın değeridir, der.

Hoca'nın cevabı hazırdır:

– **Ben de zaten ona değer biçmiştim...**

YE KÜRKÜM YE

Nasreddin Hoca, çağrıldığı bir ziyafete eski giysileriyle gitmiş. Kimse Hocanın farkına bile varmamış.

Tek bir kişi çıkıp da:

– Buyur Hoca'm! dememiş.

Nasreddin Hoca'nın, buna çok canı sıkılmış.

Ama kerametin de giyiminde olduğunu anlamış.

Hemen eve gelmiş. Bayramlık kürkünü giymiş.

Sonra, kasıla kasıla ziyafet yerine yeniden gitmiş.

Kapıyı çalmış...

Bu gidişte hemen farkedilmiş, büyük bir iltifatla karşılanmış. Hoca'yı ev sahipleri oturtacak yer bulamamışlar.

– Buyrun Hoca'm

– Şu tarafa buyrun Hoca'm!

– Şöyle oturun Hoca'm!

– Yok, yok, bu tarafa buyrun Hoca'm! demişler.

Ve sonunda Nasreddin Hoca, ziyafet sofrasının baş köşesine buyur edilmiş.

Sıra yemeğe gelince, Nasreddin Hoca, kürkünün ucunu tabağa doğru uzatarak:

– Ye kürküm ye! demiş.

Nasreddin Hoca'nın bu sözlerinden ziyafettekiler hiçbir şey anlamamışlar.

– Hayrola, Hoca Efendi, ne diyorsun? diye sormuşlar.

Nasreddin Hoca, başından geçenleri açık açık anlatmış. Arkasından da eklemiş:

– **Bu ikram, bana değil, kürküme'dir. Onun için dedim "ye kürküm ye!"...**

HOCA YABANCI BİLGİNİ NASIL ALT ETTİ?

Akşehir'e yabancı ülkeden bir bilgin gelir. Şehrin en bilgili kişisiyle tartışmak istediğini söyler. Nasreddin Hoca'yı çağırırlar.

Yabancı bilgin, değnekle yere bir daire çizer. Hoca, değneği alıp bu daireyi ortadan ikiye böler.

Adam, Hoca'nın çizdiğine dik bir çizgi daha çeker, daire böylece dörde bölünmüş olur. Hoca, dairenin üç bölümünü alır gibi yapar, dördüncü bölümü karşısındakine verir gibi işarette bulunur.

Yabancı bilgin, parmaklarını biraraya getirerek, elini yere doğru sallar. Hoca, bunun tam tersini yapar.

Tartışma sona erince, yabancı bilgin şu açıklamayı yapar:

– Sizin Hoca çok yaman! Dünyanın yuvarlak olduğunu gösterdim, "ortasında Ekvator var" dedi. Dörde böldüm, "dörtte üçü su, dörtte bir kara" dedi. "Yağmur neden yağar?" dedim, "sular buharlaşınca göğe yükselip bulut olur, sonra da yağmura dönüşür" cevabını verdi.

Akşehirliler yabancı bilginin bu açıklamasını dinledikten sonra, Hoca'ya da sormuşlar tartışmanın anlamını. Hoca ise şu açıklamayı yapmış:

– Obur herif, "bir tepsi baklava olsa" dedi. "Tek başına yiyemezsin, yarısı benim" dedim. "Dörde bölsek n'aparsın?" dedi, "dörtte üçünü yerim" dedim. "Üstüne ceviz, fıstık filan eksek..." dedi. "İyi olur ama, küllü ateşte olmaz, harlı ateş gerek" dedim. Altolup gitti!.

YANINDA EŞEK BULUNDURSUN!

Nasreddin Hoca, eşeğini mahkeme kapısına bağlayıp pazara gider. O sırada Kadı, bir yalancı tanığı yargılamış ve eşeğe ters bindirilerek şehirde dolaştırılma cezası vermiştir. Suçluyu, Hoca'nın mahkeme kapısı önündeki eşeğine bindirip gezdirmeye başlarlar. Hoca gelince eşeğini bulamaz, hayli zaman geri gelmesini beklemek zorunda kalır.

Bir süre sonra aynı adam, aynı suçu yeniden işler. Mahkeme tarafından aynı cezaya çarptırılır. Adamı bindirecek eşek arayıp bulamazlar. Hoca'nın eşeği akıllarına gelir. Eve bir adam gönderip Hocadan eşeğini isterler. Hoca bu isteği geri çevirir.

– Ben eşeğimi vermem! der. Siz gidin o herife söyleyin. **Ya bu yalancılık sanatından vazgeçsin, ya da her ihtimale karşı yanında bir eşek bulundursun!...**

TAM AÇLIĞA ALIŞTIRMIŞKEN...

Hoca'nın besili bir eşeği varmış. Eşeğine her gün iki kilo arpa verirmiş. Hoca, bunu masraflı bulmuş. Azaltmayı istemiş. Eşeğin günlük yem miktarını bir kiloya düşürmüş... Günler geçtikçe eşekte bir değişiklik olmadığını görünce, arpanın gramını biraz daha azaltmış. Eşekte yine bir değişiklik olmamış.

Hoca, yine düşünüp taşınmış, "yarım kilo arpa ile yaşayan eşek, 250 gram arpa ile de yaşar" demiş. Eşeğe günde 250 gram arpa vermeye başlamış. Yine bir gün elinde 250 gram arpa ile ahıra inince, eşeğin öldüğünü görmüş.

Hoca çok üzülmüş. Kendi kendine:

– Bre Karakaçan!... **Seni tam açlığa alıştırmışken, ölmenin zamanı mıydı?** diye hayıflanmış...

ALLAH RIZASI İÇİN BİR SADAKA

Nasreddin Hoca, bir gün dama kiremitleri onarmaya çıkar. Hoca damda çalışırken, evin kapısı çalınır.

– Kim o? diye sorar Hoca.

Kapıyı çalan adam:

– Hoca'm, bir zahmet aşağıya kadar gelebilir

misin? der.

Nasreddin Hoca, önemli bir iş için çağrıldığı zannıyla, güç bela iner aşağıya.

Ama kapıyı açınca, karşısında, hırpani giyimli bir dilenciyi bulur.

– Ne istiyorsun? diye sorar.

– Allah rızası için sadaka!

Fena halde bozulur Nasreddin Hoca.

Sonra adama:

– Gel benimle, der.

Dilenciyi peşine takar, dama kadar çıkarır.

Dilenci, dama ayak bastığı sırada da:

– Allah versin, deyiverir.

Dilenci, kızgın halde geriye dönüp giderken, Hoca'ya sorar:

– **Sen, niçin beni dama kadar çıkardın da, vermiyeceğini aşağıda söylemedin?**

Nasreddin Hoca, dilencinin sorusuna aynı şekilde soruyla cevap verir:

– **Ya sen niçin beni aşağıya indirdin de, sadaka istediğini ben damdayken söylemedin?**

KİM HAKLI?

Nasrettin Hoca'nın kadılık yaptığı yıllarda, yanına bir şikayetçi gelir. Hocaya derdini anlatır.

Nasrettin Hoca:

– Haklısın, der adama.

Odadan çıktıktan sonra, içeri dava edilen kişi girer.

O da, kendisini haklı çıkaracak bir biçimde olayı anlatır.

Nasreddin Hoca, ona da:

– Haklısın, der.

Bu sırada Hocanın yanında bulunan karısı:

– Hoca'm, der. Bu nasıl iştir, her ikisine de "Haklısın" dedin? Bir davada iki haklı olmaz ki...

Nasreddin Hoca, karısının bu sözlerini de:

– Vallahi karıcığım, doğru söylüyorsun... **Sen de haklısın...** diye cevaplar.

DAMDAN DÜŞENİ
DAMDAN DÜŞEN ANLAR

Sıcak bir yaz gecesiydi. Nasreddin Hoca, karısıyla birlikte damda yatıyordu:

Aralarında, bir hiç yüzünden kavga çıktı. Kadın Nasreddin Hoca'ya "Dır, dır, dır" söylenmeye başladı.

Nasreddin Hoca, bir sabretti. İki sabretti ve sonunda yataktan hiddetle fırladı. Ancak damda

olduğunu unutarak paldır küldür aşağıya yuvarlandı.

Komşuları, hemen başına üşüştüler.

– Geçmiş olsun Hoca'm... dediler. Ne oldu sana böyle?

Nasreddin Hoca, yattığı yerden yavaş yavaş kalkarken:

– İçinizde, hiç damdan düşen var mı? diye sordu.

– Niçin sordun Hoca'm? dedi başındakiler.

Nasreddin Hoca:

– Niçin olacak? diye cevap verdi. **Damdan düşenin halinden ancak damdan düşen, anlar...**

EŞEK EVDE YOK

Bir komşusu, Nasreddin Hoca'nın kapısını çalar.

– Hoca'm, der. Bana bugünlük eşeğini verir misin? Pazara kadar gitmem gerek.

Nasreddin Hocaya o gün eşeği lazımdır. Bu yüzden eşeğini vermemek için:

– Eşek evde yok... sözü ağzından çıkıverir.

Tam o sırada eşek, ahırda uzun uzun anırmaya başlamaz mı?

Komşusu:

– Hoca'm, bu nasıl iş? Eşek evdeymiş. Ama sen bana "Eşek evde yok" diyorsun, der.

Nasreddin Hoca, işi artık pişkinliğe vurur. Komşusuna sitemli bir dille:

– **Benim sözüme inanmıyorsun da tutup bir eşeğin sözüne inanıyorsun ha! Yazıklar olsun sana...** der.

PAPAĞAN KONUŞURSA, HİNDİ DE DÜŞÜNÜR

Nasreddin Hoca, bir gün pazarda dolaşmaya çıkar. Bir adamın, kafeste bulunan bir papağanı on altına sattığını görür. Bu işe pek çok şaşırır.

Hemen evine koşar. Bahçesinde beslediği hindiyi kaptığı gibi yeniden çarşıya gelir.

– Yirmi altına veriyorum! diye hindisine müşteri beklemeye başlar.

Herkes Hocaya garip garip bakarlar. Kimisi de güler geçer.

Nihayet bir tanıdığı yanına yaklaşır.

– Sen aklını mı yitirdin Hoca? diye sorar. İki akçe etmez hindiyi, yirmi altına kim alır?

Nasreddin Hoca:

– Demin bu pazarda, yumruk kadar bir kuşu gözümün önünde on altına sattılar. Bu ise en azından onun on misli var, der.

– İyi ama, o on altına satılan kuş, papağandır. İyi bir papağana yirmi altın bile veren çıkabilir.

Hoca:

– Şu papağan denilen kuşun özelliği ne imiş? diye sorar.

Tanıdık adam:

– Papağan denilen kuşun bütün özelliği, insan gibi konuşmasıdır, cevabını verir.

Hoca, meselenin püf noktasını anlar, fakat işi pişkinliğe vurur. Elindeki hindiyi göstererek:

– **Papağan insan gibi konuşursa, hindi de insan gibi düşünür!** der.

KÜRSÜDEN İNMEK DE Mİ AKLINA GELMİYOR?

Nasreddin Hoca, bir gün mahalle mescidinde halka nasihat etmek üzere kürsüye çıkmıştı. Bir müddet oturdu. Aklına hiç bir şey gelmedi. Halk dikkatle kendisini dinlemeğe hazırdı. Ancak o kürsüden söyleyecek bir söz bulamıyordu. Nihayet halka hitaben:

– Ey ahali, dedi. Siz benim söz söylemekten aciz olmadığımı bilirsiniz. Ama bugün kürsüden size söyleyecek hiçbir şey aklıma gelmiyor.

Hocanın oğlu o sırada kürsünün dibinde oturuyordu. Bu sözü duyunca, hemen ayağa kalkarak:

– Baba, **hatırına hiçbir şey gelmiyorsa, kürsüden inmek de mi gelmiyor?** dedi.

HERKESİ MEMNUN EDEMEZSİN

Nasreddin Hoca, oğlu ile pazara gidiyordu. Oğlunu eşeğe bindirmiş, kendisi de yaya yürüyordu. Görenlerden biri:

– Hey gidi zamane gençleri, ihtiyar babasını yayan yürütüyor da, kendisi rahat rahat eşeğe binip gidiyor, dedi.

Bu söz üzerine çocuk eşekten hemen indi. Babasını bindirdi. Kendisi yaya yürümeye başladı.

Bu şekilde biraz yol aldılar. Onları bu halde görenlerden biri:

– Ayol, koca adam eşeğe kurulmuş, gidiyorsun, genç çocuğa yazık değil mi? diye laf attı.

Hoca bunun üzerine çocuğunu arkasına bindirdi. Biraz gidince birkaç gevezeye rast geldiler. Bunlar da:

– Amma insafsız insanmış bunlar. Bir eşeğe

iki kişi birden biner mi? Hele şu herif, bir de Hoca olacak, diye söylendiler.

Hoca artık kızmıştı. Birlikte aşağıya indiler. Eşeği önlerine katarak yürüdüler. Çok geçmedi, birkaç kişiye daha rastladılar. Bunlar da:

– Allah Allah... Bu ne budalalık, eşek önlerinde bomboş gitsin de, kendileri bu sıcakta kan ter içinde yaya yürüsünler! Dünyada ne şaşkın adamlar var, dediler.

Hoca herkesi memnun etmenin imkansız olduğuna artık iyice kanaat getirmişti. Oğluna:

– Gördün ya oğlum, dedi. Bu halkın dilinden kurtulabilen varsa aşk olsun. O halde **sen doğru bildiğini yap, âlem ne derse desin. Halkın ağzı torba değil ki dikesin.**

ADAM GİBİ TERSLEMEYE BIRAKMADIN Kİ...

Nasreddin Hoca, delikanlılığında bir bostana girmiş, kavun koparmak istemişti. Bostan bekçisi onu görüp uzaktan haykırdı:

– Hey, orada senin ne işin var, çık bostandan!

Nasreddin Hoca:

– Büyük abdestimi bozuyorum! diye cevap verdi.

Adam gelip:

– Hani ya terslediğin şey? deyince, Hoca, orada bulunan taze bir sığır tersini gösterdi.

Bekçi:

– Be adam! Gösterdiğin şeyin insan tersiyle alakası yok. Bu, sığır tersidir! Diye itiraz etti.

Hocanın cevabı sitem doluydu:

– **Sen insanı rahat, rahat adam gibi terslemeye bıraktın mı ki?..**

terslemek: Pislemek. Büyük abdestini bozmak.

TEMİZ ÇAKŞIR

Timurlenk, bir gün, Nasreddin Hoca'nın cesaretini ölçmek ister.

Kendisini bir meydana diker ve ellerini yanına açarak öylece durmasını emreder. Usta okçularından birine de gerekli emri verir.

Okçu, yirmi adımdan okunu atar. Ok, Hoca'nın sağ koltuğunun altından cübbesini delerek geçer. Okçu, ikinci oku da Hoca'nın sol koltuk altından geçirir. Üçüncü oku ile sarığını delip düşürür.

Bütün bu tehlikeli atışlar yapılırken, Nasreddin Hoca, yerinden bir parmak bile kımıldamaz. Timurlenk onun soğukkanlılığına hayran kalarak bol bol ihsanlarda bulunur. Aynı zamanda da delinen cübbe ve sarığının yerine yeni bir cübbe ile sarık verilmesini emreder.

Hoca Timurlenk'e:

– Emredin de bir de çakşır (Şalvar) versinler! der.

Timurlenk:

– Ne için? diye karşılık verir. Tarafımızdan çakşırına bir zarar getirilmiş değil ki...

Nasreddin Hoca sıkılarak konuşur.

– Sizin tarafınızdan çakşırıma bir zarar gelmedi ama, kendi tarafımdan büyük bir zarara uğradı. Giyilecek hali kalmadı. Onun için emredin de bir temiz çakşır versinler!

Timurlenk bu itirafa güler ve Hoca'ya bir de yeni çakşır verilmesini emreder.

NEDEN ŞÜKREDERSİN?

Nasreddin Hoca, her istediği zaman Timurlenk'in huzuruna çıkabiliyordu.

Bir sabah kendisini ziyarete karar verdi. Bir sepet dolusu ayva alarak yola çıktı. Yolda bir arkadaşına rastladı.

Timurlenk'e ayva götürmekte olduğunu öğrenen arkadaşı Hocaya:

– Bana kalırsa sen ona ayva değil de incir götür. Timurlenk inciri çok severmiş, dedi.

Nasreddin Hoca, bu tavsiyeye uydu. Ayvaların yerine sepetini incirle doldurup Timurlenk'e götürdü.

Timurlenk o sabah biraz keyifsizdi. Nasreddin Hoca'ya yüz vermedi. Sepetten aldığı incirleri de, birer birer Hoca'nın suratına atmaya başladı.

Nasreddin Hoca suratına olgun incirleri birer birer yerken, yüksek sesle durmadan Allah'a şükrediyordu.

Timurlenk merakla:

– Suratına incirleri yerken, ne diye şükreder durursun? diye sordu.

Nasreddin Hoca gülerek cevap verdi:

– Ben devletlime ayva getiriyordum. Yolda bir arkadaşımın tavsiyesiyle, ayva yerine şu incirleri getirdim. Ya onu dinlemeyerek **devletlime ayvaları getirseydim, yüzüm gözüm ne hale gelirdi?** İşte bunu düşünerek Allah'ıma şükrediyorum.

BUZAĞI İKEN ÇOK ÇEVİKMİŞ

Timurlenk boş vakitlerinde ordusunu talim için cirit oynatırdı.

Bir gün cirit oyununa Hoca'yı da davet eder. Bir hayvana binerek öyle gelmesini söyler.

Nasreddin Hoca, ciritin ne olduğunu, nasıl oynandığını bilmediğinden, ertesi günü, çift sürdüğü öküzünün sırtına atlayarak ciridin oynanacağı meydana gelir.

Herkes rüzgar gibi koşan yağız atlara binmiş iken, Hocanın böyle hantal bir öküzün sırtında gelişi, Timurlenk'i şaşırtır.

– Hoca! der. Cirit oyunu için çok hızlı koşan, gayet çevik hayvanlara binmek gerekirken, sen ne diye bu hantal öküzle geldin?

Nasreddin Hoca boynunu bükerek:

– Vallahi devletlim! der. Son yıllardaki halini bilmiyorum ama, **ben onun buzağı iken ne kadar çevik olduğunu gördüm.** Öyle koşardı ki ona at değil, kuş bile yetişemezdi.

KUYRUK KOLAY YERDE...

Nasreddin Hoca, sıpasını Akşehir pazarına satmaya götürür.

Pazara yaklaştıklarında bakar ki, sıpanın kuyruğu çamur içinde. Alıcılar beğenmez diye, kuyruğu kesip heybesine koyar.

Alıcının biri, sıpanın yanına gelir. Şurasını, burasını dikkatle inceler. Ama bakar ki, sıpanın kuyruğu yok.

Sorar:

– Hoca'm, bu sıpanın kuyruğu yok...

Nasreddin Hoca gülümseyerek:

– Hele bir pazarlıkta anlaşalım, der. **Kuyruğu merak etme, kolay bir yerde...**

HIRSIZDAN UTANMIŞ

Nasreddin Hoca, bir gün, evin içinde bazı sesler duyup korkar. Eve hırsız girdiğinden kuşkulanıp yüklüğe saklanır.

Gerçekten de eve hırsız girmiştir.

Adam, evi yukarıdan aşağı araştırır. Tüm eşyaları elden geçirir. Ama çalacak değerde tek bir şey bile bulamaz.

"Bir de şu yüklüğe bakayım" diye aklından geçirir. Yüklüğün kapısını açar açmaz, karşısında Nasreddin Hoca'yı bulur.

– Sen burada mıydın Hoca? Ne işin var senin bu yüklükte? diye sorar.

Nasreddin Hoca hırsız karşısında boynunu büker.

– Kusura bakma dostum, der. **Evde çalacak bir şey bulamayacağın için, senden utandım ve buraya saklandım...**

AKLIMDA DURACAĞINA
KARNIMDA DURSUN

Nasreddin Hoca'nın karısı bir gün tatlı pişirip sofraya getirmiş... Birlikte oturup güzelce yemişler... Geriye pek az bir tatlı kalmış.

Karısı:

– Kalanı da yarın yeriz, deyip kaldırmış tatlı tepsisini.

Gece olmuş. Yatmışlar.

Nasreddin Hoca'nın aklı tatlıda kalmış. Bir türlü gözüne uyku girmemiş.

Karısını da uyandırmış. Mutfağa gidip, tatlı tepsisini almış, getirmiş. Geri kalan tatlıyı da birlikte afiyetle yemişler.

– Oh be, demiş Nasreddin Hoca, **aklımda duracağına, karnımda dursun daha iyi...**

EL ELİN EŞEĞİNİ BÖYLE ARAR...

Bir gün Akşehir'de sözü geçer, ama kimseye hayrı dokunmaz, zengin bir adamın eşeği kaybolur. Hemen çarşıya, pazara, mahalle aralarına duyuru yapılır. Tüm şehir halkı bu önemli kişinin eşeğini aramaya başlarlar. Bu arada Hoca'ya da aramasını söylerler.

Hoca başını alıp bahçelere, bostan aralarına gider. Türkü söyler, gezinir. Eşek aramaya boş verir:

Hoca'yı bu halde görenler, dayanamayıp sorarlar:

– Hoca, bu ne hal, ne yapıyorsun böyle tek başına? Hoca:

– Eşek arıyorum, der.

– Hiç böyle gezip dolaşarak, türkü söyleyerek

eşek aranır mı?

Bu soruya Hoca anlamlı anlamlı güler, sonra:

– **El, elin eşeğini böyle arar!** der.

HANGİ KIYAMET?...

Hoca'ya "Kıyamet ne zaman kopacak?" diye sormuşlar.

Hoca da: "Hangi kıyamet?" demiş. Adamlar şaşırmışlar:

– Kaç türlü kıyamet var ki, hangi kıyamet diyorsun Hoca? demişler.

Hoca şu karşılığı vermiş.

– İki kıyamet var; karım ölürse küçük kıyamet, ben ölürsem büyük kıyamet!... Siz hangisini soruyorsunuz?

ÖKÜZ AĞA

Nasreddin Hoca, 10 yıldır ayrı kaldığı köyüne geri dönüyormuş. Yolda eski tanıdıklarından biriyle karşılaşmış. Adam gülümseyerek selam vermiş:

– Merhaba Hoca, köye hoş geldin...

– Merhaba öküz ağa, hoş bulduk!

– Aman Hoca, nasıl söz bu... Öküz ağayı da nereden çıkardın?...

– Ayol, ben buralardan ayrıldığım sıralarda sen 12 yaşında bir çocuktun. Adın da Tosun değil miydi?

– Evet...

– Ben ayrılalı ne kadar oluyor?

– Şöyle böyle on yıl...

– Eh, insaf et artık, bu **on yılda tosunluktan çıkıp öküz olmadın mı hala!**...

BİZİM EVE GİDİYOR

Hocayla oğlu birlikte giderlerken bir cenazeye rastladılar. Cenaze sahipleri, ölünün ardından:

– Ah, gittiğin yerde odun yok, kömür yok, et yok, ekmek yok, ateş yok, ocak yok, diye bağıra bağıra ağlıyorlardı...

Hoca'nın oğlu, birden babasını durdurdu:

– Baba dedi, yandık.

Nasreddin Hoca şaşkınlıkla sordu:

– Neden yandık oğlum?

– Duymadın mı baba, cenaze sahiplerinin söylediklerini?

– Duydum. Ne olmuş?

– Cenaze sahiplerinin söylediklerine bakılırsa, **bu ölüm bizim eve gidiyor!**...

NASREDDİN HOCA BÖYLE ATAR...

Nasreddin Hoca'yı, Timurlenk'in askerleri ok atmaya götürmüşler. Hoca'nın eline yay ile oku vermişler. Hoca birinci oku atmış, ancak ok hedefine varmamış. Hoca:

– Amca oğlum böyle atar, demiş...

İkinci oku da aynı hedefe atmış, ok yine hedefi bulmamış. Bu kez de:

– Teyze oğlu da böyle atar, diye gürlemiş...

Hoca, kendine güvenerek son kez hazırlanmış, gözlerini dört açarak oku atmış... Ok bu sefer hedefi vurmuş... Hoca, hemen göğsünü kabartarak:

– İşte, demiş. **Hoca Nasreddin de böyle atar!...**

BOZUKLUK ÇÖMLEKTE...

Nasreddin Hoca'nın, Konya Kadısından bir ilam (bir davanın mahkemece nasıl bir hükme bağlandığını gösteren resmi belge) alması gerekiyordu. Kadı rüşvetle iş gören biri olduğu için, Hocadan bir şeyler bekliyor, ilamı bir türlü vermiyordu.

Hoca, en sonunda Kadı'ya bir şeyler vermeden işinin olmayacağını gördü. Bir çömleğe bal koyarak, kadıya götürdü, mahkeme ilamını hemen aldı.

Ancak, Kadı, bir sabah, kaşığı çömleğe daldırdığı zaman, çömleğin yarısından fazlasının silme toprak olduğunu, sadece üst kısma biraz bal konulduğunu gördü. Bu olaya çok sinirlendi. Hemen ilgililerin mahkemede bulunmalarını sağlayan görevli adamını Akşehir'e yolladı.

Adam, Hoca'yı buldu:

– Aman efendi hazretleri, dedi, ilamın yazılışında bir bozukluk olmuş... Kadı, sizi görmek istiyor. İlamı hemen düzeltip, verecek...

Nasreddin Hoca, güldü:

– **O bozukluk, ilamda değil, çömlektedir...** cevabını verdi.

SEN KOKLADIN, BEN TOPLADIM

Hoca, bir gün eşeğiyle eve dönerken, eşeğin yoldaki tezekleri kokladığını görmüş. Yemek istiyor sanarak tezekleri eşeğin torbasına toplayıp eve getirmiş.

Eve geldiğinde torbayı hayvanın başına takmış. Ancak, yemediğini görünce:

– Niçin surat ediyorsun? demiş. **Sen kokladın, ben topladım...**

SİLAH VE KİTAP

Nasreddin Hoca'nın yaşadığı yıllarda, bir ara silah taşımak yasaklanmış. Oysa o günlerde, Nasreddin Hoca, üzerinde büyük bir bıçak taşırmış.

Bir gün, polis müdürü durumu anlamış ve Nasreddin Hoca'yı durdurmuş:

– Hoca'm, demiş, sanırım silah taşımanın yasak olduğunu biliyorsun. Öyleyse, nedir bu üstündeki koskocaman bıçak?

Nasreddin Hoca, hemen cevap vermiş:

– Bu bıçak, silah değil ki... Kitaplarda bazı yanlışlar oluyor. İşte bu yanlışları kazımak için taşıyorum bu aleti üzerimde...

Polis müdürü:

– Bre sen benimle alay mı edersin? Yanlışlar için böyle kocaman bıçak mı gerekir?

Hoca gülümseyerek açıklamış:

– **Bazen öyle yanlışlar görülür ki, düzeltmek için bu bile az gelir.**

DİLENCİNİN DUASI

Nasreddin Hoca, bir gün Konya'ya gider. Şehirde dolaşırken, üzeri hırpani kılıklı bir dilenci önüne çıkar.

Dilenci:

– Hoca'm, der, bana bir akçe ver de, sana hayır dualarda bulunayım...

Nasrettin Hoca, adamı tepeden tırnağa süzdükten sonra:

– Senin duanı istemem... cevabını verir.

Dilenci:

– Niçin istemiyorsun? diye sorar.

Nasreddin Hocanın cevabı hazırdır:

– **Senin duan, Allah yanında geçerli olsaydı, böyle dilenci olmazdın...**

İÇERDE DÜŞÜRDÜĞÜNÜ NİÇİN DIŞARDA ARIYORMUŞ?

Nasreddin Hoca'yı dostları, bir gün, kapısının önünde bir şeyler ararken görmüşler.

Sormuşlar:

– Hayrola Hoca'm, bir şey mi kaybettin?

Nasreddin Hoca:

– Evet, cevabını vermiş. Yüzüğümü düşürdüm de, onu arıyorum.

– Nerede düşürdüğünü söyle de, biz de arayalım...

Nasreddin Hoca:

– İçerde, avluda düşürdüm, demiş.

– Peki Hoca'm, içerde düşürdüğün şeyi, niçin dışarıda arıyorsun? diye sormuş dostları.

Nasreddin Hoca şu açıklamayı yapmış:

– **Burası avludan daha aydınlık da, onun için burada arıyorum...**

BİLENLER BİLMEYENLERE ÖĞRETSİN!

Nasreddin Hoca, bir gün va'zetmek için kürsüye çıkar:

– Ey mü'minler, ben size ne söyliyeceğim, bilir misiniz? der.

Cemaat:

– Hayır, bilmeyiz! cevabını verince, Hoca:

– Siz bilmeyince ben size ne söyliyeyim? diyerek kürsüden iner, gider.

Başka bir gün kürsüye çıkıp aynı suali sorunca, cemaat bu sefer:

– Biliriz! derler.

Hoca:

– Madem ki biliyorsunuz, o halde benim söylememe ne gerek var? deyip yine kürsüden iner.

Cemaat şaşırırlar. Bir daha Hoca kürsüye çıkar ve aynı suali sorarsa "kimimiz biliyor, kimimiz bilmiyor!" demeyi kararlaştırırlar.

Hoca bir gün yine kürsüye çıkıp aynı suali sorunca, cemaat daha önce anlaştıkları şekilde:

– Kimimiz biliyor, kimimiz bilmiyor! karşılığını verirler.

Ama Nasreddin Hocanın buna da cevabı hazırdır:

– Pek güzel... **O halde bilenler bilmiyenlere öğretsin!**

HAZRET-İ İSA'NIN ÇIKTIĞI YOLDAN

Birkaç papaz, Hocaya müracaatla bir soruları olduğunu söylerler. Hoca:

– Sorun bakalım, Allah kerim, der.

Papazlar:

– Sizin Peygamberiniz, mi'raç için gökyüzüne nasıl çıktı? diye sorarlar.

Hocanın cevabı hazırdır:

– Sizin Peygamberiniz Hazret-i İsa'nın çıktığı yoldan...

EŞEĞE NEDEN TERS BİNMİŞ?

Nasreddin Hoca, camide vaazını bitirip evine dönerken, cemaatin bir kısmı arkası sıra gelmeye başlarlar.

Bunu gören Hoca, eşeğe ters biner.

Sebebini soranlara da şu açıklamayı yapar:

– Siz önden gitseniz bana arkanızı dönmüş olacaksınız ki, bu durum yakışıksız olur.

Ben önden gitsem, bu sefer ben size arkamı dönmüş olacağım; bu da uygun olmaz.

Halbuki eşeğe ters binince, hem ben önden gitmiş ve siz arkadan gelmiş olursunuz, hem de yüz yüze oluruz.

ZALİM OLAN BİZİZ!

Timurlenk, birgün Akşehir'in ileri gelenlerini huzuruna çağırtır.

Onlara:

– Ben, zalim miyim, yoksa adil bir kişi miyim? diye sorar.

Orada bulunanların bazıları "Zalimsiniz" derler; bazıları da "Hayır, adilsiniz" derler. Timurlenk, zalimsin diyenlerin hakaret ettiklerini, adilsin diyenlerin de dalkavukluk yaptıklarını söyleyerek onları cezalandırır.

Sonunda sıra Nasreddin Hoca'ya gelir.

Ona da sorar:

– Hoca Efendi, sen bir cevap vermedin. Söyle bakalım, ben adil miyim, yoksa zalim miyim?

Nasreddin Hoca, bir an düşünür.

Sonunda Timurlenk'e şu cevabı verir:

– Asıl zalim olan biziz. Eğer biz zalim olmasaydık, Allah seni üzerimize musallat etmezdi!

NERDEYSE AĞZIM YIRTILACAKTI!

Bir gün Hoca'yı bir toplantıya çağırmışlar. Hoca gidip bir köşeye oturmuş konuşulanları dinlemeye başlamış.

Adamlar öyle gereksiz konuşmalar yapıyorlarmış ki, Hoca da can sıkıntısından esneyip duruyormuş.

Toplantının sonunda herkes dağılırken Hoca'ya sormuşlar:

– Hocam sen hiç konuşmadın, ağzını bile açmadın, neden?

Hoca, bu soruya gülerek karşılık vermiş:

– Nasıl açmadım ağzımı? Esneyip durmaktan neredeyse ağzım yırtılacaktı..

İNSAN NİÇİN ESNER?

Hoca birgün bir köye konuk olur. Köydeki herkes hocanın başına toplanır. Hoş sohbetini dinlemeye başlarlar. Aç mısın, tok musun? demeden soru yağmuruna tutarlar onu.

Bir ara köylülerden biri, şöyle bir soru ortaya atar:

– Hocam söyle bakalım, insan neden esner?

Hoca, taşı gediğine koyacak fırsatı yakalamıştır artık.

– Vallahi, der. İnsan ya açlıktan, ya da uyku-
suzluktan esner.

Ardından çenelerini çatırdata çatırdata güzel-
ce bir esner. Kendinin bu esneme sebebini de
şöyle açıklar:

– **Ama benimkisi, uykusuzluktan falan de-
ğil!...**

KAVUĞUN NERDE?

Bir gün Hoca kırda gezmeye çıkar. Çocukların
bir halka olup oyun oynadıklarını görür. Yanla-
rından geçtiği sırada yaramazlardan biri, Hoca-
nın kavuğunu başından kapıp arkadaşlarına
atar. Çocuklar kavuğu elden ele atmağa, top gibi
oynamağa başlarlar. Hoca çocuklara yalvarıp ya-
karırsa da yaramazlar kavuğu geri vermezler.
Hoca kavuktan ümidini kesince, eşeğine biner,
başındaki tekkesiyle eve döner. Yolda rastladığı
bir tanıdığı:

– Hocam, kavuğun nerede? diye sorunca şu
cevabı verir:

– **Küçüklüğü hatırına gelmiş de, kırda çocuk-
ların içine karıştı, oyun oynuyor!**

YAĞ, PİRİNÇ OLSAYDI
BU TASLA ÇORBA ÇIKARACAKTIM!

Bir gün Hoca evine dönerken yolda birkaç
dostuna rastlar.

– Gelin eve gidelim, çorbayı bizde içelim! der.

Dostları Hocanın arkasına düşüp birlikte eve gelirler. Hoca onları misafir odasına çıkardıktan sonra içeriye girer:

– Karıcığım, birkaç misafir getirdim, bir tas çorba ver de içelim, der.

– İlahi Hoca, der kadın. Evde yağ mı var, pirinç mi var ki çorba istersin.

Hoca, üzüntü içinde, boş çorba tasını eline alıp misafirlerinin huzuruna çıkar.

– Dostlar, ayıplamayın. **Eğer evde yağ, pirinç olsaydı, size şu tas ile çorba çıkaracaktım,** der.

TAVŞANIN SUYUNUN SUYU

Köylünün biri Hocaya bir tavşan getirir. Hoca, köylüyü elinden geldiği kadar yedirir, içirir. Bir hafta sonra aynı adam yine gelir. Hoca tanıyamaz.

– Geçen hafta size tavşan getiren köylüyüm! der.

Hoca yine güler yüz gösterip çorba çıkarır:

– Tavşan suyundan çorbaya buyurun! diye de ufak bir laf dokundurur.

Aradan birkaç gün geçer, üç köylü gelip hocaya misafir olmak isterler. Hoca:

– Siz kimlersiniz? diye sorar.

– Tavşan getiren köylünün komşusuyuz! derler.

Hoca la havle çeke çeke bunlara da çorba çıkarır, misafir eder.

Ne var ki, bir hafta sonra yine birkaç kişi gelir. Hoca, bunlara kim olduklarını sorar.

– Tavşanı getirenin komşusunun komşusuyuz! derler. Hoca bozulur. Ama belli etmez. Misafirlere:

– Hoş geldiniz! der.

Ancak, ortalık kararmadan yemek olarak önlerine bir tas su getirir. Köylüler tasa şaşkın şaşkın baktıktan sonra, bunun ne olduğunu sorarlar.

Hoca, yapılan bir iyiliği istismar eden bu insanlara, gereken dersi şu sözlerle verir.

– Ne olacak? **Tavşanın suyunun suyudur.**

YARIN KIYAMET KOPACAK OLDUKTAN SONRA

Nasreddin Hocanın güzel bir kuzusu varmış. Komşuları bu kuzuya göz koyarlar. Hocayı kandırıp kuzuyu yemeğe niyetlenirler. Birisi gelir:

– Hocam, yarın kıyamet kopacakmış. Bu kuzuyu kıyamet koptuktan sonra ne yapacaksın? Getir şunu ölmeden yiyelim, der.

Hoca bu teklife güler geçer. Ardından komşuların ikincisi, üçüncüsü gelir. Nihayet Hoca bıkar, usanır. Kuzunun kesilmesine razı olur.

Birlikte kıra giderler. Ateş yakarlar. Kuzuyu kesip şişe geçirerek Hocaya çevirttirirler

Bu arada komşular soyunup elbiselerini Hocaya teslim ederek az ilerdeki dereye yüzmeğe giderler. Hoca yüreği yana yana kuzuyu çevirirken, bir yandan da elbiselerin hepsini ateşe atıp yakar. Biraz sonra koşup oynamaktan yorularak geri dönen komşuları, giysilerinin kül olduğunu görünce:

– Aman Hoca ne yaptın? diye dövünmeye başlarlar.

Hoca gülerek şöyle der:

– **Dostlar! Madem ki yarın kıyamet kopacak, elbiseyi ne yapacaksınız?**

AY'I KUYUDAN KURTARMIŞ

Nasreddin Hoca, öğrencilik yıllarında bir akşam, abdest almak için kuyudan su çekmek ister. Yatsı namazını kılacaktır.

Kovayı alır, kuyunun başına geçer. Tam sarkıtacağı zaman, ay'ın aksini kuyunun dibinde görür. Birden aklı başından gider.

– Eyvah! Ay kuyuya düşmüş.. diye pek telaşlanır. Ay'ı kuyudan çıkartmağa karar verir.

Genç Nasreddin kuyuya düşmüş olduğunu sandığı Ay'ı çıkarmak düşüncesiyle, kuyuya hemen bir çengel sarkıtır... Çengelin ucu kuyunun içindeki bir taşa takılınca, Ay'a takıldı sanarak bütün gücüyle asılmaya başlar. Çeker ha çeker... Sonunda ip, bu kuvvetli çekişe dayanamayarak kopunca, Nasreddin arka üstü yere yuvarlanır. Aynı anda gökte parlamakta olan Ay'ı görür.

Kendi kendine:

– Doğrusu çok uğraştım, ama, Allah'a şükürler olsun ki **Ay'ı da kuyudan kurtardım**, der.

MAKSADI BAŞKAYMIŞ!..

Nasreddin Hoca'nın eşeği huysuz mu huysuzdur. Bu yüzden, onu satmağa karar vererek pazara götürür... Hayvanı cambaza teslim eder.

Bir müşteri gelir, hayvanın dişine bakmaya kalkar; eşek hart diye ısırır.

Bir başkası, kuyruğuna bakmak isterken çifteyi yer.

Hayvan, kimseyi yanına yaklaştırmaz. Kimsenin kendisini incelemesine izin vermez. Cambaz da hayvanı getirir, Hoca'ya geri verir:

– Senin hayvanın çok huysuz, der. Kimse bu hayvanı satın almaz.

Nasreddin Hoca, gülerek şu açıklamayı yapar:

– Aslında ben de onu satmak için getirmedim. **Maksadım Ümmet-i Muhammedin benim ondan neler çektiğimi görüp anlamasıdır.**

AKLIN VARSA DEREYE KOŞ

Hoca yazın fırsat buldukça baltasını alır, eşeğini önüne katar, yakın dağlara giderek kış için odun keserdi.

Bir gün yine eşeğiyle dağa çıkmıştı. Dolaşırken, çıra haline gelmiş bir çam köküne rastladı. Çıra, oduna nisbetle çok daha kıymetliydi. Hoca kökü parçaladı. Eşeğine güzelce yükleyerek evin yolunu tuttu.

Yolda bir ara, Hocanın aklına çıranın iyi cinsten olup olmadığı düştü.. Denemek istedi. Çakmağını çakıp çıranın birine tuttu. Çıra birden alev alıverdi. Hoca söndürmek istedi, ama söndüremedi. Alevler, bir anda eşeğin sırtındaki bütün yükü kapladı. Ürken eşek de, sağa sola çifteler atıp anırarak koşmağa başladı.

Hoca'yı büyük bir telaş almıştı. Yanına yaklaşamadığı eşeğinin arkasından koşarken, bir taraftan da ona bağırmaya devam ediyordu:

– Aklın varsa dereye koş! Aklın varsa dereye koş!

SAZIN SESİ YARIN ÇIKACAK

Nasreddin Hoca, bir gece, oğluyla birlikte Akşehir çarşısından evine dönüyordu. Bir hırsızla karşılaştılar. Hırsız iri yarı, azman biriydi. Bir kapıyı açmak için uğraşıyordu.

Nasreddin Hoca, hırsızdan korktu. Hemen oradan uzaklaşmak için yolunu değiştirdi. Oğluna da arkasından gelmesi için, işaret etti.

Bir süre sonra oğlu, Nasreddin Hoca'ya sordu:

– O adam, kapının önünde ne yapıyordu babacığım?

Nasreddin Hoca, gülerek:

– Oğlum, o adam saz çalıyordu... diye cevap verdi.

Oğlan, hemen itiraz etti:

– O nasıl saz öyle, hiç sesi çıkmıyordu ki...

Nasreddin Hoca:

– O öyle bir saz ki, sesini ancak yarın duyabilirsin... dedi.

YUMURTA

Hoca Nasreddin, bir gün bahçesini kazarken bir define bulur. Bir süre bunu karısına söyleyip söylememekte tereddüt eder. Ve bir deneme yapmaya karar verir. Koynuna bir yumurta koyup, yatağına girer. Sanki sıkıntılı bir hali varmış gibi yapar, sonunda gıdaklayarak bu yumurtayı çıkarıp karısına gösterir. Bu durumu kimseye söylememesini de sıkı sıkı tenbih eder.

Hoca daha sonra, camiye gider.

Kocası evden uzaklaşır uzaklaşmaz, karısı hemen pencereyi açıp komşu kadına:

– Huuu, komşu huuu!..

Diye seslenir. Ve kocasının bir tavuk gibi yumurtladığını anlatır. Komşu kadın da bunu, kocasına yetiştirir. O kişi de kahveye gelip, Hoca'nın yumurtlama olayını anlatır. Olay bir anda şehirde yayılır. Nasreddin Hoca, camiden kahveye gelince, oradakiler gülüşmeye başlarlar.

– Aferin be Hoca, nasıl yumurtladın? Şunu bize öğret te biz de yumurtlayalım, diye Hocayı alaya alırlar.

Bunun üzerine Hoca:

– Tevekkeli, atalarımız, boşuna **"Kadına sır söyleme"** dememişler... diye söylenir.

NASREDDİN HOCA'NIN RÜYASI

Bir gece, rüyasında, Nasreddin Hoca'ya dokuz altın vermişler.

– On altın olmazsa, kabul etmem, demiş.

Uyandığında bakmış ki, elinde hiçbir şey yok.

Hemen gözlerini yumup tekrar yatağa yatmış:

– Tamam, tamam, **dokuz altın olsun, kabulleniyorum,** demiş.

HIYARIN NELERİ OLUR?

Bir gün Hoca'nın yanında bir adamı çekiştiriyorlarmış. Oradakilerden biri, adamın yaramazın teki olduğunu ifade için:

– Bırakın şunu... O hıyarın biridir, demiş.

Hoca hemen atılmış:

– Yooo... demiş... hıyara iftira etme. Çünkü **hıyarın salatası olur. Turşusu olur, cacığı olur. Söyleyin bana, bu adamın nesi olur?**

İŞTE AYAKLARINIZI BULDUNUZ

Nasreddin Hoca, bir gün bir derenin kenarından geçiyordu. Bir grup çocuk da çıplak ayaklarını suya sokmuş eğlenmekteydi. Çocuklar Hocayı görünce, kendisine takılmak istediler. Seslenip yanlarına çağırdılar. Ayaklarını da suyun içinde mahsustan birbirlerine dolayıp karıştırdılar.

– Hoca Efendi, biz ayaklarımızı kaybettik. Hangi ayağın hangimize ait olduğunu bir türlü bulamıyoruz. Ne olur, bize yardım et de ayaklarımızı bulalım, diye Hocaya yalvardılar.

Hoca çocukların bu muzipliği altında kalmadı. Hemen oradan kaptığı bir değneği suya sokulmuş ayaklara indirince, herkes ayağını sudan çekiverdi.

O zaman Hoca gülerek:

– **İşte hepiniz ayaklarınızı buldunuz çocuklar!** dedi.

ALLAH KADİR-İ MUTLAK

Bir gün bazı mollalar, Hocayı imtihan etmek istemişler. Kendisine şöyle bir soru sormuşlar:

– Allah için "Kadir-i Mutlak" diyorlar. Acaba Cenab-ı Hak hakikaten Kadir-i mutlak mıdır? Öyle ise bunun delili nedir?

Hoca kesin bir dille:

– Bundan hiç şüpheniz olmasın! demiş. **Ben bildim bileli, hep Allah'ın dediği oluyor. Böyle olmasa, bir gün de şu fukara Hocanın dediği olurdu.**

KUYRUKSUZ SIPA DOĞURMUŞ!

Nasreddin Hoca, sabahleyin evden çıkarken karısına:

– Akşama güzel bir bulgur pilavı pişir de seninle âfiyetle yiyelim, der.

Akşam yorgun halde eve gelince hemen sofraya oturur. Pilavın yanında bir tas ayranla yeşil soğanı da görünce iyice keyiflenir. Yemeğe tam başladıkları sıra, komşunun çocuğu telaşla gelerek:

– Hoca amca, yetiş, annem seni çağırıyor, der.

Komşu bu. Hoca hemen koşup gider. Yarım saat sonra kaşları çatık, neşesi kaçmış olarak geri döner.

Karısı Hocayı sofraya çağırır, ama Hocanın iştahı kaçmıştır. Bu yüzden oturmaz. Kadın ne olduğunu sorunca:

– Ne olacak, der, kırk yılda bir güle oynaya karı koca bir bulgur pilavı yiyecektik. Ama **komşunun eşeği kuyruksuz sıpa doğurmuş, tasası bize düştü!**

Zavallı komşu kadının, evvelce hiçbir hayvanı doğururken görmediği için, henüz tam temizlenmemiş olan sıpanın bacağına yapışıp kalan kuyruğunu göremeyince, başka bir şey sanarak Hocayı çağırttığı böylece ortaya çıkar.

HOCANIN RÜZGAR SATMASI!

Hoca bir sene imamsız bir köye Ramazan imamı olur. Ramazan ayı bitince köylüler mahsulün o seneki kıtlığını ileri sürerek Hocanın hakkını yarıya indirmeye karar verirler. Tam harman zamanı olduğu için, Hoca da kızar; "Ben de size rüzgar vermem!" der.

Harman yerine bakan bir tepeye, kocaman bir hasır gerer. Hocanın şansı yaver gider; günlerce harman yerine poyraz uğramaz olur. Bir taraftan da kalın bulutlar havada görünmeye başlayınca, köylüleri bir telaştır alır.

Köylünün biri sonunda pes ederek Hocaya gelir:

– Hocam, ben sana hakkının iki mislini vereceğim! der. Hoca, köylünün gözünün önünde onun harmanına doğru hasıra parmağını sokup bir delik açar. Adam harmana gidince Allah'ın işine bak ki, mükemmel bir rüzgar bulur. Başlar harmanı savurmağa. Bunu gören diğer komşuları da harman yerine gelirler, fakat kendi harmanlarında rüzgar bulamazlar. Harmanı savuran çiftçiden işi sorarlar. Adam:

– Nafile uğraşmayın, der. Hocaya gidip hakkını verin, rüzgarı satın alın.

Böylece her biri gider, Hocaya hakkını verir. Hoca da her birine hasırdan birer delik açar, en sonunda hasırı da kaldırıp atar. Artık hepsinin işleri yoluna girmiştir. Hoca oradan hakkını iki misli almış olarak kağnıya yükleyip köyüne giderken şöyle konuşur:

– **Yüce Rabbim! Hak sahibi hakkını el ile alamazsa işte böyle yel ile verirsin!**

HAMAM ÜCRETİ

Nasreddin Hoca, bir gün hamama gider. Hamamcılar kendisine eski bir peştamal ile kirli bir havlu vererek hiç iltifat etmezler. Hoca çıkarken ücret olarak on akçe bırakır. Hamamcılar hem sevinir, hem yaptıkları muameleden utanırlar.

Ertesi hafta yine hamama gelince, hocayı sırmalı havlular, ipekli peştemallarla karşılarlar. Hamamdan çıkarken bu sefer ücret olarak bir akçe bırakır. Hamamcılar, hocanın işine şaşarak bahşişin azlığından şikayet ederler.

Hoca onlara şu açıklamayı yapar:

– Bunda şaşacak bir şey yok. **Bugün verdiğim bir akçe geçenki hamam hizmetinin hakkıdır. Geçenki de, bugünün ücretidir.**

BAĞDAT'A GİDECEK VAKTİM YOK!

Hocanın dostlarından biri, Bağdat'taki bir akrabasına mektup yazmak ister. Mektubu yazması için Hocaya ricada bulunur. Ancak Nasreddin Hoca:

– Benim şimdi Bağdat'a gitmeğe vaktim yoktur! diyerek bu isteği geri çevirir. Adam hayretler içinde kalır.

– Kuzum Hoca, bir mektup yazmakla neden Bağdat'a gitmen lazım gelsin ki? der. Hoca cevap verir:

– Benim yazım gayet fenadır. Ancak ben okuyabilirim. Bu yüzden **yazdığım mektubu, yine ben okumalıyım ki ne yazdığı anlaşılsın.**

GENÇLİK

Nasreddin Hoca'nın da içinde bulunduğu bir toplulukta, herkes, şimdiki halini, geçmiş yıllarıyla kıyaslıyordu.

Biri:

– Gençken tuttuğumu koparırdım, şimdi biraz yürüsem yoruluyorum, diyordu.

Bir başkası ise:

– Eskiden, gençken neler yapardım, neler.

Ama şimdi tık nefes oluyorum, diye sızlanıyordu.

Nasreddin Hoca, bu konuşmalara daha fazla dayanamadı:

– Ben, hiç değişmedim, dostlar! dedi. Gençliğimde ne idiysem, şimdi de öyleyim...

Topluluktakiler güldüler:

– Aman Hoca'm, hiç olur mu böyle şey? Bu yargıya sen nasıl vardın? dediler.

Nasreddin Hoca da dostları gibi güldü:

– Yargım şu: **Bizim evde bir dibek var. Onu gençliğimde de kaldıramazdım, şimdi de kaldıramıyorum. Demek değişmemişim.**

SUSUZ MU, UYKUSUZ MU?

Bir gün, Nasreddin Hoca'nın yolu bir köye düşer. Akşam üzeri olduğu için, köyün imamına konuk olur.

İmam, Nasreddin Hoca'yı güler yüzle karşılar. Nereden geldiğini, nereye gittiğini, halini, hatırını güzelce sorar.

Sonra da:

– Hoca'm, der. Uykusuz musun, yoksa susuz musun?

Karnı çok aç olan Nasreddin Hoca, yemekten hiç söz etmeyen ev sahibine:

– **Yolda gelirken, açlıktan, pınarın başında epeyce uyumuştum,** deyiverir.

İÇİNE SU DOLDURMUŞLAR

Nasreddin Hoca, gençliğinde Sivrihisar'dan Akşehir'e ilk geldiği gün, gölü görünce, şaşırmış. Kendi kendine:

– Ne geniş bir düzlük, demiş. **Burası davar için iyi bir otlak olurdu, ama ne yazık ki, içine su doldurmuşlar.**

BİR DAHA ALLAH İLE
KULU ARASINA GİRME!

Nasreddin Hoca, yaptığı her duadan sonra:

– Allahım! bana yüz altın ver. Doksan dokuz altın versen, kabul etmem! dermiş.

Nasrettin Hoca'nın, her an tekrarladığı bu dileğini duyan bitişikteki komşusu:

– Hoca'yı bir deneyeyim, bakalım ne yapacak? demiş.

Ve bir gün, Nasreddin Hoca gene dua ederken, bir kesenin içine tam doksan dokuz altın koyup, penceresinden içeri atıvermiş.

Nasreddin Hoca, duyduğu tıkırtı üzerine, sesin geldiği yöne bakmış. İçi altın dolu keseyi görmüş.

Hemen saymış: Tam doksan dokuz tane altın...

Nasreddin Hoca, ellerini açıp, Allah'a şükretmeye başlamış:

– Şükür Rabbime. Doksan dokuzu veren Allah, yüzüncüyü de verir... diyormuş.

Nasreddin Hoca'nın altınları kabullendiğini gören komşusu, gizlendiği yerden çıkmış. Yaptığı oyunu anlatmış. Altınlarını geri istemiş.

Nasreddin Hoca:

– Hadi git işine, diye terslemiş komşusunu. Onu bana Allah gönderdi.

Komşu yalvarmış, yakarmış. Ama Nasreddin Hocayı, hiçbir şekilde ikna edememiş.

Sonunda çaresiz:

– Öyleyse bu işi Kadı halleder, demiş... Hadi gidelim mahkemeye...

Nasreddin Hoca, nazlanmış:

– Mahkemeye gitmesine giderim, ama oraya gidene kadar binmek için güzel ve süslü bir at isterim. Cübbem de biraz eskicedir. Kadı'nın huzuruna bu kılıkta çıkmayı istemem. Çok güzel, samur bir kürk getirmelisin bana, demiş.

Altınlarını kurtarmaktan başka bir şey düşünmeyen komşu, Nasreddin Hoca'nın teklifine:

– Kabul! diye cevap vermiş.

Sonunda Nasreddin Hoca, çok güzel samur kürkü giymiş ve süslü bir ata binip mahkemeye gitmiş.

Kadı'nın huzuruna çıkmışlar.

Önce komşu anlatmış olayı.

Sıra Nasreddin Hocaya gelince, Hoca:

– Kadı hazretleri, diye başlamış söze. Bu adamda hiç kimseye on para kaptıracak bir göz var mı? Şunca yıllık komşumdur. Ne görse "Benimdir" der. Neredeyse, dışarda, kapının önünde duran atıma, üstümde giydiğim kürküme bile sahip çıkacak...

İşlerin gitgide sarpa sardığını gören komşu ağlamaklı:

– Tabii benim, bunların hepsi benim, diye bağırmış.

Nasreddin Hoca, Kadı'ya dönmüş:

– İşte gördünüz... demiş.

Kadı, bir Nasreddin Hoca'ya bakmış, bir de komşusuna. Onun yalancı olduğuna kesin inanmış.

– Haydi, yıkıl karşımdan! diye onu mahkemeden kovmuş.

Nasreddin Hoca, eve döndükten sonra, büyük bir üzüntü içinde bulunan komşusunu çağırmış. Altınlarını, atını ve kürkünü ona geri verirken:

– Bu sana bir ders olsun komşum, demiş. **Sakın bir daha Allah ile kulu arasına girmeye kalkışma!**

YEMEK BENİM DEĞİL!

Hoca, bir gün tavuk kızartması yiyordu. Adamın biri gelip:

– Efendi, çok canım çekti, bana da bir parça verir misin? dedi.

Hoca:

– Rican başım üstüne, amma ne yazık ki veremem! Çünkü bu yemek benim değil, karımındır..

Adam arsız biriydi.

– İyi amma, işte sen yiyorsun ya! diye itiraz etti. Hocanın cevabı hazırdı:

– Ne yapalım? **Hanım, bana "ye!" diye verdi. Başkalarını çağır da yedir demedi..**

DOKUZ EŞEK Mİ, ON EŞEK Mİ?

Bir gün Hocaya buğday yüklü on eşek vererek değirmenden şehre yollarlar. Hoca, bunlardan birine biner, dokuzunu da önüne katarak yürümeğe başlar.

Yolda kafasına bir şüphe girer. Şu eşekleri bir sayayım, der. Sayar, bir de bakar ki dokuz eşek var. Eyvah bir tanesi kayboldu! diye eşekten iner. Etrafı dolaşır, arar, nihayet geri gelir, yine sayar; bakar ki on tane. Gönlü rahat ederek tekrar eşeğe biner, yürür.

Fakat kafasındaki şüphe onu rahat bırakmaz. Bir daha sayar, dokuz eşek. Tekrar iner, arar, dönüşte bakar ki on tane. Yine gönlü rahat edip eşeğine biner.

Fakat yolda 3. kere sayıp yine dokuz eşek çıkınca, hemen eşekten iner. Yaya olarak yola koyulur. Kendi kendine de:

– **Hayvana binip bir eşek kaybetmektense, yayan yürüyüp bir eşek kazanayım,** der.

BEN ALLAH'TAN KORKARIM

Nasreddin Hocanın molla olduğu öğrencilik yıllarında, Akşehir'in sayılı zenginlerinden biri, Hocayı yanına çağırarak, eline elli akçe tutuşturmuş.

Sonra da:

– Molla, demiş. Benim için beş vakit namazda Allah'a dua et...

Nasreddin Hoca, zenginin hemen on akçesini geri vermiş.

Arkasından da şu açıklamayı yapmış:

– **Kusura bakma, ben bu sıralar sabah namazına kalkamıyorum. Günde ancak dört vakit namaz kılıyorum. Her gün için beş vakit dua parası almaya Allah'tan korkarım.**

MESELE İYİCE KARIŞTI

Nasreddin Hoca'nın kadılık yaptığı günlerden birinde, kapı çalınır. Bir adam selam vererek içeri girer.

Nasreddin Hoca'ya:

– Kadı Efendi, der. Bir inek benim ineğimi karnından boynuzlayarak öldürmüş. Herhalde sizin ineğinizmiş. Bunun cezası nedir? diye sorar.

Nasreddin Hoca düşünmeden cevaplar:

– Her ikisi de neticede birer hayvandır. Kan davası güdecek değilsin ya?

Meğer adam cin fikirliymiş. Bu cevap üzerine adam, bir düzeltme yapar:

– Yanlış söyledim Kadı Efendi, hayvanları birbirine karıştırdım. Aslında benim inek, sizin ineği öldürmüş, der.

Nasreddin Hoca, hemen yanındaki katibine döner:

– **Şimdi mesele iyice karıştı, der. Sen bana raftaki şu kara kaplı hukuk kitabını ver de oraya bir bakayım, ondan sonra kararımı vereyim...**

111

İLKBAHAR – SONBAHAR

Nasreddin Hoca, bir kış günü, yanındakilere soğuktan şikayet etmiş.

Kendisini dinleyenlerden birisi:

– Şu insan da çok tuhaf bir yaratık doğrusu, demiş. Hiçbir şeyden hoşnut olmuyor... Yazın sıcaktan şikayet eder, kışı arar. Kış gelince de soğuktan şikayet edip yazı arar.

Nasreddin Hoca, hemen adamın sözünü keserek:

– **Haklısın**, demiş. **Ama ilkbaharla sonbahara bir şey diyen var mı?**

FİLİN DİŞİSİ

Timurlenk, ordusundaki fillerden birini, Nasreddin Hoca'nın memleketine göndermişti.

Fil o kadar büyük, o kadar oburdu ki, köyde ne kadar ot, saman varsa, hepsini silip süpürüyordu.

Bu duruma köylüler daha fazla dayanamadılar. Nasreddin Hoca'yı da önlerine katarak, Timurlenk'e şikayet için yola çıktılar.

Yolda köylüler, birer-ikişer sıvıştılar.

Tek başına kalan Nasreddin Hoca, Timurlenk'in huzuruna alındı.

Timurlenk'in o gün çok sinirli olduğunu gören Hoca, şikayeti bir tarafa bırakıp:

– Köyümüze gönderdiğin filden bütün köylüler çok memnun kaldılar. Yalnız, zavallı hayvan tek başına yaşıyor. Hayvancağız için bir de dişi fil gönderilmesini istiyoruz. İşte bunu arzetmek için huzurunuza geldim... dedi.

Bu sözlere çok sevindi Timurlenk. Hemen yanındakilere, Nasreddin Hoca'nın köyüne bir de dişi fil gönderilmesi için emir verdi.

Nasreddin Hoca, tek başına köye döndü. Tüm köylüler sevinçli bir haber bekliyordu.

Nasreddin Hoca'ya, Timurlenk'in fili ne zaman geri alacağını, sordular.

Nasreddin Hoca gülümsedi:

– Ne geri alması... dedi. **Hizmetinizden öyle memnun olmuş ki, yakında bu filin dişisini de göndermeye karar vermiş sizlere.**

AĞACA MERDİVENLE ÇIKMAK

Hoca, bir gün yaramaz çocuklara takılmış. Kocaman ağacı göstererek:

– Verin bana yarım akçe, ben sizi hiç yorulmadan ağaca çıkarıvereyim, demiş.

Çocuklardan biri hocanın bunu nasıl yapacağını merak ederek cebinden yarım akçe çıkarmış.

– Al parayı, hadi beni ağaca çıkar, demiş.

Hoca:

– Pekala, demiş. Biriniz gidip bir merdiven getirin.

Çocuklar hep bir ağızdan hayretle:

– Anlaşmamızda merdivenle çıkmak var mıydı Hoca efendi?... diye tutturunca, Hoca gülmüş:

– **Merdivenle çıkmak yoktu da, merdivensiz çıkmak var mıydı?....**

DEVEYE KANAT VERSEYDİ

Hoca bir gün camideki halka şöyle seslenmiş:

– Allah'a bin kere şükredin ki, develere kanat vermemiş.

İçlerinden biri Hocaya, bu şükrün sebebini sormuş.

O da şöyle demiş:

– **Deveye kanat verseydi, damlarınız çoktan başınıza yıkılırdı!...**

YA İÇİNDE BEN OLSAYDIM!

Bir gün, Hoca'nın gömleğini yıkamış karısı. Kuruması için de bir ağacın dalına asmış. Daha sonra kuvvetli bir yel esmiş, gömleği yere düşürmüş.

Bunu gören Hoca:

– Bize bir kurban kesmek borç oldu, demiş.
Karısı şaşırarak:

– Neden? diye sormuş.

Hoca düşünceli düşünceli:

– **Ya gömleğin içinde ben olsaydım?** cevabını
vermiş.

YA DEVE ÖLÜR, YA DEVECİ!..

Bir gün Hoca merhum, Timurlenk'le görüşür-
ken kendisinin bir devesi olduğunu ve okumağa
çok yetenekli bulunduğunu söylemiş. Timur-
lenk, bu deveyi görmek isteyince:

– Müsaade buyur, ihlas sûresini öğretiyorum,
iyice öğrensin, getireyim, demiş.

Birkaç gün sonra tekrar buluştukları zaman
Timurlenk, Hocaya sözünü hatırlatmış. Hoca:

– Sormayın devletlim, demiş. Deve bir aşka
geldi, şimdi ille de hafız olacağım diye tutturdu.
İnşallah bir aya kadar hıfzını tamamlayınca hu-
zurunuza getiririm.

Timurlenk'in yanından ayrıldıktan sonra, bu
sözü işiten hemşehrileri Hocaya:

– Aman Hoca ne yaptın, bir ay sonra ne cevap
vereceksin, derler.

Hoca onlara şu cevabı verir:

– Ne korkuyorsunuz yahu, **bir aya kadar ya
deve ölür, ya deveci!..**

Hakikaten birkaç gün sonra, Timurlenk ora-
dan ayrılarak başka bir yere gider.

İNŞALLAH BEN GELDİM!

Geceleyin Hoca, karısıyle konuşurken:

– Yarın sabah hava yağmurlu olursa oduna, olmazsa çifte gideceğim, demiş.

Karısı:

– **Hoca, inşallah de,** diye hatırlatmış.

Hoca itiraz etmiş:

– Bu iki ihtimalden başka yapacak iş yoktur. Birinden birini mutlaka yapacağım, demiş.

Sabahleyin şehirden dışarı çıkınca, bir grup sipahi askerine rastgelmiş.

– Beri gel dayı, filan kasabanın yolu nerededir? demişler.

Hoca, umursamaz şekilde "bilmem" derse de, sipahiler, Hocanın itiraz etmesine bile meydan vermeden sille tokat önlerine katmışlar ve yayan yürüterek, kasabaya kadar sürüklemişler.

Gece yarısı perişan ve bitkin bir halde evine dönen Hoca, kapıyı çalmış. Karısı "kimdir o?" deyince dersini almış olarak şöyle demiş:

– Aç karıcığım, **inşallah ben geldim!...**

2 AKÇELİK CİĞERİ ÇALAN,
40 AKÇELİK BALTAYI ALMAZ MI?

Hoca zaman zaman evine ciğer getirirdi. Fakat karısı ciğeri komşu kadınlarla yiyerek kocasının önüne başka yemek koyardı. Bir gün Hoca karısına sordu:

– Kuzum, ben ara sıra ciğer getiriyorum, ama önüme yemek olarak hiç gelmiyor. Bu ciğere ne oluyor?

Karısı cevap verdi:

– Kedi çalıyor.

Hoca hemen kalktı. Baltayı alıp dolaba kilitledi. Kadın baltayı kimden sakladığını sorunca, şöyle söyledi:

– Kimden olacak, kediden. **İki akçelik ciğeri çalan, kırk akçelik baltayı almaz mı?**

ALDANMAYAN ÇOCUK

Çok inatçı ve kendisine çok güvenen bir çocuk varmış. Bu çocuk, kendisini kimsenin aldatamayacağını iddia ediyormuş. Arkadaşlarının bir çoğu, onu aldatmak istemişler. Ama başaramamışlar.

Nasreddin Hoca, o sıralarda küçük bir çocukmuş. Bu iddiacı çocuğun gururunu kırmak istemiş. Birgün yolda ona rastlamış.

– Ben seni aldatırım! demiş.

Mağrur çocuk ise:

– Beni aldatacak, anasının karnından doğmadı! diye kibirli kibirli cevap vermiş.

Küçük Nasreddin, acele bir işi varmış gibi davranarak, inatçı çocuğa:

– Sen burada biraz bekle! Ben şimdi gelir, seni aldatırım, diyerek oradan ayrılmış.

Mağrur çocuk da, Nasreddin'in arkasından bakıyor, kıs kıs gülüyormuş. Bir süre beklemiş olduğu yerde. Aldanmamak için de derin derin düşünmüş. Aklınca, her türlü oyuna karşı tedbirler almış. Ama Nasreddin, bir türlü ortalıkta görünmüyormuş. Canı, beklemekten sıkılmış. Önceden tatlı tatlı gülerken, kızıp köpürmeye başlamış. O sırada oradan, arkadaşlarından biri geçiyormuş. İnatçı ve mağrur çocuğa:

– Burada ne bekliyorsun? diye sormuş.

O da:

– Nasreddin, aklınca güya beni aldatacakmış... Şimdi gelirim diye gitti. Acele işi varmış. Aradan saatler geçtiği halde hala gelmedi, demiş.

Arkadaşı kahkahayla gülmüş:

– Nasreddin seni bal gibi aldatmış işte. **Daha ne biçim aldatmasını bekliyorsun? Seni burada saatlerce bekletmiş ya!...** demiş.

BU CEZA KİMİN CEZASI?

Nasreddin Hoca, Ramazan ayında, bir aşiret beyinin evinde Ramazan imamı olmuş.

Ev sahibi birgün Hoca'yla konuşurken:

– Hoca, demiş. Ben can yakmasını seven biriyim. Bazen hiddetimi yenemeyerek, haksız yere adam bile öldürüyorum. Acaba dünyada bunların cezasını çeker miyim?..

Astığı astık, kestiği kestik olan bu canavar adamın karşısında Hoca ilkin şaşırmış. Bir süre düşünmüş. Sonra cevabını vermiş:

– Merak etmeyin. Size hiç bir şey olmaz.

Zalim aşiret beyi:

– Döktüğüm bunca kan, cezasız mı kalacak yani? diye sormuş:

Hocanın cevabı hazırmış:

– Hayır kalmaz efendim. Bunların cezasını çocuklarınız çeker.

Zalim adam, geniş bir soluk almış ve güler bir yüzle:

– Yaşa Hocam! Sen gerçekten ilmi yüce bir insanmışsın... Beni büyük bir endişeden kurtardın. Yaptıklarımın cezasını ben çekmeyeyim de kim çekerse çeksin!... demiş.

Zalim aşiret beyi, bir gün ava gittiğinde, attan düşerek ayağı kırılmış. Hemen aklına Hoca'nın sözleri gelmiş. Onu çağırtmış. Öfkeli bir şekilde:

– Hoca! Sen, dünyada benim başıma bir felaket gelmeyeceğini söylemiştin. Oysa ayağım kırıldı. Buna ne dersin? diye sormuş.

Hoca:

– Senin baban da, senin gibi can yakmayı sever miydi? diye karşılık vermiş.

Aşiret beyi:

– O, benden daha beterdi, deyince, Hoca rahatlamış:

– Öyleyse, benim sözümde bir yanlışlık yok, demiş. **Başına gelen felaket, senin yaptıklarının değil; senin babanın yaptıklarının cezasıdır. Seninkileri, daha sonra, çocukların çekecek!...**

ÖLDÜĞÜNÜ KENDİSİ HABER VERMİŞ

Nasreddin Hoca, bir gün kırlarda dolaşırken, kendisinde bir fenalık hisseder... Kendi kendine:

– Ben ölüyorum galiba... der.

Arkasından da yere serilir, gözlerini kapayarak bir ölü gibi yatar.

Aradan epeyce bir süre geçer.

Kimsenin gelip gitmediğini gören Nasreddin Hoca:

– Bari ben gidip öldüğümü haber vereyim de, ortalarda kalmayayım, diye düşünür.

Evine gelip olup biteni karısına anlatır. Sonra da, öldüğünü sandığı yere geri dönüp ölü gibi uzanır...

Karısı, hocanın arkasından:

– Kocamın cenazesi ortalarda kaldı, yetişin a dostlar! diye feryat etmeye başlar.

Komşular toplanır kadının çevresine:

– Allah Allah, derler. Nerede öldü Hoca Efendi? Gelip kim haber verdi?

Kadın hüngür hüngür ağlayarak cevap verir:

– Garip, yoksul Hocanın kimi var ki!... Kırda kendi başına ölmüş. Sonra gelip öldüğünü kendisi haber verdi. Arkasında da, alıp başını, öldüğü yere kendi gitti...

O ÖLÇMÜŞ BİÇMİŞ GİDİYOR

Bir tanıdığı yolda karşılaştığı Nasreddin Hoca'ya:

– Yahu Hoca Efendi, acaba bizim dünyamız kaç arşındır? diye sormuş.

Tam o sırada, bir cenaze geçmeye başlamış önlerinden.

Nasreddin Hoca, cenazeyi göstermiş:

– Ona sor! demiş. Bak **o ölçüp, biçmiş te gidiyor bu dünyadan...**

DELİ Mİ, ZIR DELİ Mİ?

Nasreddin Hoca, gençken, bir gün köyün değirmenine gitmiş. İçerdeki çuvalların buğdayla dolu olduğunu görünce, herbirinden birer avuç alıp kendi çuvalına doldurmaya başlamış.

Olayı gören değirmenci:

– Hey, sen ne yapıyorsun orada? diye sormuş.

Nasreddin Hoca:

– Kusura bakma, ben biraz deliyimdir, demiş... Aklıma eseni yaparım...

Değirmenci uyanık biriymiş. Yeniden sormuş:

– Deliysen, öyleyse neden kendi çuvalındaki buğdayı, başkalarının çuvalına boşaltmıyorsun?

Nasreddin Hoca gülümsemiş:

– Ben sana biraz deliyim, dedim. Yoksa zır deliyim demedim ki... cevabını vermiş.

ANAN ÖLÜP DE SENİN SAĞ KALDIĞINA AĞLIYORUM!

Bir gün, Hocanın karısı muziplik olsun diye çorbayı sofraya çok sıcak olarak koyar. Sonra da yaptığını kendisi unutup dolu kaşığı ağzına boşaltınca gözlerinden yaş gelir. Hoca, karısından niçin göz yaşı döktüğünü sorar. Kadın bozuntuya vermeden:

– Zavallı anneciğim bu çorbayı çok severdi de o hatırıma geldi. Onun için ağladım, der.

Hoca da bir kaşık sıcak çorbayı ağzına koyunca birden boğazı haşlanır. Gözlerinden yaş boşanır. Karısı:

– Ya sana ne oldu, sen niye ağlıyorsun? diye sorar.

Hoca ağzı yana yana:

– **Anan ölüp de senin sağ kaldığına ağlıyorum,** der.

AFERİN GÖL KUŞLARI!

Bir yaz günü Hoca uzak bir yere giderken, yolda eşeği susar. Yolun aşağısındaki gölün suyunu görünce gemi azıya alıp göle doğru koşmağa başlar.

Göle yaklaştığı yer, sarp bir uçurumdur. Tam göle yuvarlanacağı sırada, kurbağalar ötmeye başlayınca, eşek ürküp geri döner.

Hayvanın büyük bir tehlikeden son anda kurtulduğuna sevinen Hoca, eşeği yakaladıktan sonra, göle bir avuç para serperek kurbağalara şöyle seslenir:

– **Aferin göl kuşları, alın şu paraları, bol bol helva alıp yiyin!**

ACABA NESİ KAYBOLDU?

Hocaya, karın aklını kaybetti, demişler. Hoca derin derin düşünmeye başlamış.

– Ne düşünüyorsun? diye sorduklarında, şu cevabı vermiş:

– Vallahi **benim karının aslında aklı yoktu. Acaba nesi kayboldu, onu düşünüyorum!**

BEN DE ONUN KARISINI DÖVERİM

Hocanın damadı, yeni evlendiği günlerde bir meseleden kızarak karısına bir tokat atar. Genç kadın, babası Nasreddin Hocanın evine giderek kocasından dayak yediğini söyler. Bu defa Nasreddin Hoca, bir tokat atarak şöyle söyler:

– Git kocana söyle! **O nasıl benim kızımı döverse, ben de onun karısını işte böyle döverim.**

BİLMEM CEVABI

Bir gün Akşehir'e bir bilgin gelip:

– Kasabanızın en bilgilisi kimdir? diye sormuş. Halk Hocayı tarif etmişler. Adam Hocayı arayıp bulmuş.

– Hocam, demiş. Sana kırk sualim var. Bakalım hepsini bilecek misin?

Hoca, adamın tek tek sorduğu şeylere iyice kulak verip dinledikten sonra:

– Onu bilmem. Şunu bilmem... Bunu bilmem... diye üşenmeden her soruya ayrı ayrı bilmem cevabı vermiş.

– Niye toptan hepsine birden bilmem, demedin? diye sormuşlar. Hoca:

– Ben haksızlığı sevmem, demiş. **O zahmet edip sorularını birer birer sordu, ben de bilmiyorum cevabını birer birer verdim!**

LEZZETLERİ HEP BİRDİR!

Nasreddin Hoca, bağından topladığı üzümleri eşeğine yüklemiş, kasabanın yolunu tutmuş. Yolda çocuklar Hoca'nın önüne çıkmış,

– Hoca efendi, canımız çekti, bize biraz üzüm ver... demişler. Hoca bakmış çocuklar çok kalabalık. Hepsine birer salkım üzüm verse sepette üzüm bitecek. Tutup her birine, birer tane vermiş. Çocuklar verileni azımsıyarak:

– Aman Hoca efendi pek az verdin. Hepsi bu kadar mı? diye sitem etmişler. Nasreddin Hoca ise:

– Canım uzatmayın işte, **hepsinin lezzeti aynıdır. Ha bir, ha on, farketmez**, demiş, eşeğini sürüp gitmiş.

ATIN İSTEDİĞİ YERE...

Nasreddin Hoca, bir gün huysuz bir ata binmiş. At durmadan koşuyormuş. Yolda hocayı gören biri sormuş:

– Hocam? Böyle nereye?

Hoca tedirginlik içinde cevap vermiş:

– **Atın istediği yere!**

EŞEĞİN İŞİ ÇIKMIŞ

Nasreddin Hoca, bir gün eşeğine binmiş, biner binmez de hayvan huysuzlanıp olanca hızıyla koşmaya başlamış... Hoca, dur demiş, çüş demiş ama eşeği bir türlü durduramamış.

Derken Hoca'yı bu halde gören bir komşusu:

– Hocam, ne bu telaş? Nereye böyle? diye seslenmiş.

Hoca, çaresizlik içinde cevap vermiş:

– Efendim, eşeğin çok acele bir işi çıktı... Oraya gidiyoruz...

KERAMET KAVUKTA İSE...

Bir adam, elinde bir mektupla köy kahvesine girer. Okutacak birini aramaktadır. Başında kavuğu ile Nasreddin Hoca hemen gözüne çarpar.

– Hocam, şu mektubumu okur musun? diye rica eder.

Hoca, eline mektubu alır. Bakar ki, yazı hiç okunaklı değil... Ayrıca mektup "Farsça" dır.

– Okuyamadım, deyip köylüye iade eder. Köylü bu cevaba sinirlenir:

– Ben de, seni kelle-kavuk yerinde okur-yazar bir adam sanmıştım, diye sitem eder. Hoca lafın altında kalır mı? Hemen kavuğunu çıkarıp, köylüye uzatır.

– **Keramet kavukta ise, al kavuğu sen giy...** **Mektubu da sen oku,** der.

İKİSİ DE HAKLI İSE?

Nasreddin Hoca'ya sormuşlar:

– Hoca Efendi! Kadı olsaydın bir davayı nasıl hallederdin?

– Haklıyı haklı, haksızı haksız çıkarırdım... demiş Hoca.

– Ya ikisi de haklı ise? demişler.

Hoca, bir süre düşündükten sonra:

– **Vallahi, bunca yıl ömür yaşadım, daha iki kişinin birden haklı olduğunu hiç görmedim...** cevabını vermiş.

PARA NİYE SEVİLİR?

Cimri ve boşboğazın biri Hoca'ya alaylı bir dille sormuş:

– Hoca Efendi, demek parayı çok seviyorsun? Neden acaba?

Hoca, cevabı yapıştırmış:

– **Senin gibilere muhtaç olmamak için!...**

EN GÜÇ VE EN KOLAY ŞEY...

Köylüler, aralarında tartışıyorlardı. Anlaşma sağlayamayınca Hoca'ya başvurdular.

– Hocam, şu müşkülümüzü bir çözüme bağla... Dünyada en güç şeyle, en kolay şey nedir? diye sordular.

Hoca, derin bir nefes alarak:

– **En güç şey, insanın kendisini bilmesidir,** dedi. **En kolay şey ise, başkalarına akıl vermesidir.**

ŞÜKÜR SEBEBİ

Nasreddin Hoca, eşeğini kaybetmiş. Hem arar, hem de Allahına şükredermiş.

Merak edenler bu şükrün sebebini sormuşlar:

– Üstünde olmadığıma şükrediyorum, demiş Hoca. **Eğer üstünde olsaydım, ben de beraber kaybolurdum...**

MISIR'A KADI OLMUŞ

Eşeğini kaybeden Hoca, her yerde onu arar. Yoldan geçenlere sorarmış.

Dostlarından biri, alaylı bir ifadeyle:

– Hoca, demiş. Duydun mu, senin eşeğin Mısır'a kadı olmuş?

Hoca, lafın altında kalır mı? Ciddiye almış gibi:

– Sahi yahu, demiş. **Ben, çırağıma ders verirken, o da hep kulaklarını diker, dikkatle dinlerdi.**

KARISININ SÜSLENMESİNİ NİÇİN İSTEMİŞ?

Nasreddin Hoca bir gün hastalanır. Son günlerinin yaklaştığını sezerek, dostlarını helallaşmaya çağırır.

Bu arada karısına da:

– Karıcığım, der. Git, gelinlik elbiselerini giy, iyice süslen de gel, yanıma otur...

Kadın:

– Ayol, sen ölüm döşeğinde iken, ben nasıl süslenirim? Dediyse de Hocanın ısrarı karşısında süslenmeye gider.

Hoca, bu isteğe şaşıp kalan dostlarına muzipçe gülerek şu açıklamayı yapar:

– **Ölüm meleği, canımı almaya gelince, benim yerime belki hanımı beğenir de, onu alıp gider.**

NİÇİN KİTAP YAZMAMIŞ?

Bazı dostları Hoca'ya takılırlar:

– Hoca, ilim sahibi, irfan sahibi olarak geçinirsin. Ama, tarafından yazılmış bir kitabın bile yok... Halbuki başka hocaların yazdıkları kitapları var, derler.

Hoca lafın altında kalır mı? Hemen cevabı verir:

– Onlarla beni niçin kıyaslıyorsunuz?.. **Onların hafızaları zayıf olduğundan, bildiklerini unutmamak için yazıyorlar... Benim ise öyle bir eksikliğim yok ki kitap yazayım...**

HOCANIZ NE YER, NE İÇER?

Nasreddin Hoca, Ramazan ayında bir köye imamlık yapmaya gider. Ramazan ayı sonuna doğru, bir vaazında Hazret-i İsa'dan ve onun ölmeyip gökte yaşadığından bahseder.

Cemaatten bazıları çok meraklanarak, Hoca'ya sorarlar:

– Hazret-i İsa, acaba gökte ne yer, ne içer?

Hoca, Ramazan boyunca kendisinin ne yediğini, ne içtiğini sormayan köylülere, iyice içerleyip, kızmıştır. Bu soruyu fırsat bilerek içini dökmeye başlar:

– Bre gafiller, **siz Ramazan boyunca misafiriniz olan hocanızın ne yeyip, ne içtiğini merak etmezsiniz de, Allah'ın misafiri olan Hazret-i İsa'nın ne yeyip, ne içtiğini mi merak edersiniz...** Vay sizin anlayışınıza!...

NEYE YEMEZ BAKARSIN?

Hoca, Sivrihisar'a gitmiş. Ancak işi uzamış. Bu arada cebindeki akçesi de tükenmiş olduğundan aç kalmış.

Çarşıda bir fırının önünden geçiyormuş. Nar gibi kızarmış ekmeklerin tezgahlarda sıra sıra durduğunu görmüş. Açlıktan gözleri kararan Hoca, yutkunmaya başlamış. Hemen fırından içeri girerek ekmekçiye sormuş:

– Bu ekmeklerin hepsi senin mi?

Ekmekçi, bu suale bir anlam verememiş:

– Evet... Benim.

Hoca tekrar sormuş:

– Gerçekten senin mi?

– Hepsi de benim, bu kadar ısrarla sormanın sebebi ne?

Hoca, açlığını âdeta kelimelere dökerek:

– **Öyle ise ne bakıp duruyorsun? Afiyetle yesene onları...** demiş.

ESKİ MEZARA GÖMÜN BENİ!

Nasreddin Hoca:

– Ölünce beni eski bir mezara gömün, diye vasiyet etmişti.

Bu vasiyete herkes şaşırdı ve sordular:

– Hoca, bu nasıl vasiyet böyle? Memlekette mezar kıtlığı mı var? Neden eski mezara gömülmek istiyorsun?

Hoca, vasiyetinin asıl sebebini şöyle açıkladı:

– Sorgu melekleri gelince, onlara **"Ben çoktan öldüm, sorgudan sualden geçtim. Benim çoktan öldüğümü mezarımın eski oluşundan anlamıyor musunuz?"** diyeceğim de ondan...

YOLU YARILAMIŞLAR

Nasreddin Hoca'yla karısı dört günlük bir yolculuğa çıkmışlar.

Bir-iki saat sonra, Nasreddin Hoca sormuş:

– Yahu Hatun, kaç günlük yolumuz kaldı?

Karısı:

– Hoca Efendi! Bugünle yarın gidersek, daha iki günlük yolumuz kalır önümüzde, cevabını vermiş.

Nasreddin Hoca gülerek:

– Desene hatun, demiş. **Daha şimdiden yolu yarıladık bile...**

AVUCUMDA NE VAR?

Bir gün, adamın biri, Nasreddin Hoca'nın yanına gelmiş.

Avucunda bir yumurta tutuyormuş.

Kapalı olan avucunu göstererek:

– Hoca'm, demiş. Eğer bu avucumdakini bilirsen sana aynısından vereceğim...

Nasreddin Hoca:

– Biraz tarif et bakalım, demiş adama.

Adam:

– Dışı beyaz, içi sarı! diye açıklamış.

Nasreddin Hoca, biraz düşündükten sonra:

– Bildim, bildim, demiş. **Şalgamı soymuşlar, ortasını oymuşlar, içine de havuç koymuşlar...**

TURŞUYU SEN Mİ SATACAKSIN, BEN Mİ?

Nasreddin Hoca'ya bir dostu, turşuculuğun çok kârlı olduğunu söyler.

Hocanın da bu işe aklı yatar. Bolca para kazanmak için turşuculuk yapmaya hazırlanır.

Bu sırada eski bir turşucu da bu mesleği bırakmaya karar verdiğinden elinde kalan turşuları satışa çıkarmıştır.

Nasreddin Hoca adamın bütün malzemelerini satın alır. Turşu fıçılarını eşeğe yükleyip mahalle aralarına dalar.

Tam keyifli keyifli:

– Lahana, biber turşusu! diye bağırmaya hazırlandığı sırada, eşek birden anırmaya başlamaz mı?

Nasreddin Hoca, ister istemez susar.

Biraz gittikten sonra, Hoca yine:

– Lahana, biber turşusu! diye sesleneceği anda, eşek tekrar anırmaya kalkar.

Aynı olay üçüncü sefer de tekrarlanınca, Hocanın sabrı iyice tükenir. Eşeğe:

– Yok, bu kadarı da fazla artık, der. **Turşuyu sen mi satacaksın, yoksa ben mi?**

BENİ SEVDİĞİNİ İSPAT ET!...

Bir gün, Timurlenk, huzuruna gelen Nasreddin Hoca'ya:

– Hoca Efendi, demiş. Her zaman beni sevdiğini söylersin. Bunu ispat etmek ister misin?

Nasreddin Hoca:

– İspata hazırım, cevabını vermiş.

Timurlenk pencerenin önündeki büyük havuzu gösterip:

– Öyleyse, kendini bu havuza at bakalım, demiş.

Nasreddin Hoca, telaşla kapıya doğru yürümüş.

Timurlenk sormuş:

– Nereye gidiyorsun böyle Hoca Efendi?..

Nasreddin Hoca cevap vermiş:

– Önce yüzme öğrenmeye gidiyorum devletlim!

ALLAH BİLİR KİMİN İÇİ YANIYOR?

Nasreddin Hoca, bir gün, dostlarından birine konuk olur.

Hoca'ya bal ikram eden dostu, o yerken, arılarını ve balını övüp durmaktadır.

Balı önce ekmekle yiyen Hoca, ekmek bitince kâsede kalanını parmaklarıyla sıyırmaya başlar. Bir kâse balın bitmek üzere olduğunu gören ev sahibi:

– Hocam, der, ekmeksiz yersen içini yakar.

Hoca bu uyarıya aldırış etmez.

– Kimin içinin yandığını Allah bilir! deyip yemesini sürdürür.

KOKUSUNU NE YAPACAKSIN?

Adamın biri, bir toplulukta, elinde olmadan gaz kaçırmıştı. Hiç kimse farketmesin diye de iskemleyi gıcırdatmaya başladı.

Olayın farkında olan Nasreddin Hoca gülerek adama:

– Sesini benzettin, tamam iyi de, ya kokusunu ne yapacaksın? dedi.

PEŞİN ÖDEME

Nasreddin Hoca, pek çok kere kapısını çalan alacaklıya:

– Yakında, demiş, senin paranı vereceğim.

– Ne zaman?

– Dinle bak, ödeme planımı açıklıyorum: Kapının önüne çalı ektim. Çalılar ilkbaharda yeşerecek...

– Eee?

– Kapının önünden gelip geçen koyunların yünleri çalılara takılacak...

– Sonra?

– Bu yünleri toplayacağız. Bizim Köroğlu (hanım) bunları eğirecek, ben de pazara götürüp satacağım. Senin paranı da böylece ödeyeceğim.

Alacaklı, bu borç ödeme planı karşısında kahkahalarla gülmeye başlamış.

– Seni köftehor seni... demiş Hoca. **Peşin ödemeyi görüp parayı avucunda bilince nasıl da gülersin!**

YANGIN CAN EVİMDE

Nasreddin Hoca, karısının tabağına koyduğu kaynar çorbayı üflemeden içmeye başlamış. Birden ağzı ve boğazı tutuşmuş. Ne yapacağını düşünmeden kendisini sokağa atmış.

Yolda koşarken, bir yandan da:

– Yangın var!.. Yangın var!.. diye bağırıyormuş.

Herkes şaşkın şaşkın Hocaya bakmışlar.

Biri sormuş Nasreddin Hoca'ya:

– Yangın nerede Hoca Efendi?

Nasreddin Hoca bir eliyle boğazını göstererek:

– **Can evimde, can evimde...** cevabını vermiş.

EŞEĞE BİR SORAYIM

Bir gün, komşularından biri Hoca'dan eşeğini ister. Hoca kendisine her an ihtiyaç duyduğu eşeğini kimseye verme niyetinde değildir. Ama, doğrudan "olmaz" demek te hocaya yakışmaz.

Bu yüzden:

– Dur, kendisiyle bir konuşayım. Eğer gönlü varsa veririm, der.

Adamın şaşkın bakışları altında ahıra gider, biraz oyalanır. Sonra dışarı çıkarak komşusuna kesin cevabı verir:

– Eşekle konuştum. Kendisini sana vermemi istemiyor. Diyor ki:

– **O, sırtıma çok yük vurur, önce beni güzel bir döver; sonra da sana söver.**

HIRSIZIN HİÇ Mİ SUÇU YOK?

Bir gün hırsızlar Nasreddin Hoca'nın eşeğini çalarlar. Hoca, farkına varır varmaz, feryada başlar. Derken konu komşu hocanın başına üşüşür, meseleyi öğrenirler. Herbiri bir söz söylemeye başlar:

– Canım Hoca, böyle tedbirsizlik olur mu? Ahırın kapısına insan bir kilit takmaz mı?

– Bahçenin duvarını ördürürken neden biraz daha yüksek ördürmedin?

– İnsanın eşeği ahırda iken, sık sık bakması gerekir.

– Senin de uykun amma ağırmış be Hoca. Hırsızlar eşeğini çalarlarken yaptıkları gürültüyü hiç duymadın mı?

– Suç sende Hoca. Ahırın kapısını mutlaka açık bırakmışsındır.

Her kafadan bir ses çıkmaya, her konuşan kendisini suçlamaya başlayınca, Hoca daha fazla dayanamaz:

– İnsaf edin be komşular, der. Haydi benim hatalarım var diyelim. Kapıyı iyi kapamamış, kilit asmayı unutmuş, hırsızı duymamış olabilirim. Fakat **şu koskoca eşeğimi çalıp giden hırsızın hiç mi suçu yok?**

HEKİMLİK NASIL OLUR?

Nasreddin Hoca'ya bir gün sormuşlar:

– Hoca'm, hekimlik nedir bilir misin?

Nasreddin Hoca cevaplamış:

– Bilirim tabii...

Ve arkasından da şöyle özetlemiş hekimlik bilgisini:

"Ayaklarını sıcak tut, başını serin,

Kendine bir iş bul, düşünme derin..."

ZAHMET ETME, İYİLEŞTİ

Bir gün, Nasreddin Hoca'nın karısı aniden sancılanır. Kocasından bir doktor getirmesini ister.

Nasreddin Hoca, doktor çağırmak üzere evden çıktığı sırada, karısı arkasından seslenerek kendisini durdurur:

– Hoca Efendi, gitme! Allah'a şükürler olsun, sancım geçti, der.

Nasreddin Hoca, karısının söylediklerine hiç aldırış etmeden yürümesine devam eder.

Bir süre sonra, doktorun evinin önüne gelir.

Kapıyı çalar.

Pencereden bakan doktora, Hoca, geliş sebebini şöyle izah eder:

– Bizim hatun sancılanmıştı. Ben de seni götürmek için evden çıktığım sırada hatun, ardımdan seslendi, sancılarının geçtiğini söyledi. Dolayısıyla sana ihtiyaç kalmadı. **"Eve kadar zahmet etme, karım iyileşti" demeye geldim.**

EVİNİ TARLAYA GÖTÜR

Nasreddin Hoca'nın kadılık yaptığı günlerden birinde, bir adam gelir huzuruna.

– Kadı Efendi, der. Bizim ev hiç güneş yüzü görmüyor. Bu yüzden evdeki herkes hastalandı. Bunun bir çaresini bul, bana...

Nasreddin Hoca, adama sorar:

– Tarlan güneş görüyor mu?

Adam sevine sevine:

– Görüyor Kadı Efendi, diye cevap verir.

Nasreddin Hoca:

– O halde, yarından tezi yok, evini tarlaya götür. Orada bol bol güneşe kavuşursun, der.

TARİFİ BENDE

Nasreddin Hoca, bir gün pazardan ciğer alır.

Evine dönerken, dostlarından biriyle karşılaşır. Adam, Hocaya, ciğerin nasıl pişirileceğini güzelce tarif eder.

Nasreddin Hoca, bu tarifi aklında tutamayacağını anlayınca,

– Bir zahmet, bunu bir kağıda yaz da bana veriver, der.

Adamcağız, kısaca yazar yemeğin tarifini ve Nasreddin Hoca'ya verir.

Nasreddin Hoca, dalgın dalgın evine doğru giderken, bir çaylak Hocanın elindeki ciğeri kapıp havalanıverir.

Nasreddin Hoca, hiç telaş göstermeden, çaylağın arkasından şöyle bağırır:

– **Boşuna çaldın. Ağız tadıyla yiyemezsin o ciğeri. Çünkü tarifi bende...**

KİM BÜYÜK?

Hoca birgün bir köyde gecelemek zorunda kalmış. Sohbet sırasında ev sahibi şöyle bir soru sormuş:

– De bakalım Hoca, sultan mı büyüktür, köylü mü?

Hoca, uzun uzun düşünmüş, sonra şu karşılığı vermiş:

– Köylü büyüktür efendi.

– Neden? diye sormuş ev sahibi.

Hoca bilgiç bilgiç gülmüş. Sonra şöyle demiş:

– **Şayet köylü buğday vermezse, sultan acından ölür.**

HATİM BİLE İNDİRİRİM...

Nasreddin Hoca'ya, karısı bir akşam:

– Sen, benim yüzüme bakarak sadece besmele çekiyorsun... demiş.

– Eee... ne olmuş ki?

– Halbuki imam efendi, karısının yüzüne bakarak Yasin-i şerif okuyormuş...

Hoca gülmüş:

– **Senin de o kadın kadar yüzün güzel olsa, ben hatim bile indiririm!...**

SANA ALLAH RAHMET EYLESİN...

Önde tabut, yanında Hoca, cemaat ağır ağır ilerliyormuş...

Birden tabutun kapağı aralanmış ve içindeki ölü, Hoca'ya yalvarmaya başlamış:

– Aman Hoca... Ben ölmedim, sadece bayılmıştım. Beni öldü diye yıkayıp, kefenlediler... Şimdi beni diri diri gömecekler. Şu cemaata durumu anlat, kurtar beni ne olur...

Hoca, tabuttaki adamı dinlemiş, sonra da başını kaldırıp etrafa bakmış, yine tabutta yatana dönmüş:

– Oğlum, bu kadar kalabalık cemaate laf anlatamam. **En iyisi sana Allah rahmet eylesin,** demiş...

TİMUR GİBİ ARKAYI BULUNCA...

Nasreddin Hoca, bir gün eşeğine vururken, Timurlenk onu yakalayıp:

– Eşeği neye döversin? Yazıktır hayvana. Üç hafta üzerine ağır yük yüklemeyeceksin, iyi bakacaksın, diye Hoca'ya emir vermiş.

Hoca bu emri aynen uygulamış. Bir-iki hafta sonra eşek canlanmış, devamlı anırmaya başlamış. Hoca da lafı gediğine koymuş:

– **Anırabildiğin kadar anır. Nasılsa Timurlenk gibi bir arkayı buldun ya. Kim olsa anırır...**

ÇÖMLEK HESABI

Ramazandan bir gün önce Hoca kendi kendine karar verir:

– Ayın kaçı olduğunu ötekine berikine sormaktan, soranlara da bilmiyorum demektense kendim bir hesap tutayım, der.

Çözüm olarak, bir çömlek alıp rafa koyar. Her gün içine ufak bir taş atmaya başlar. Hocanın afacan oğlu, babasının hergün çömleğe bir taş attığını görür. Bir gün, evde kimsenin olmadığı bir sırada, topladığı bütün taşları çömleğe atar...

Bayramdan birkaç gün önce, çarşıda dolaşırken, Hoca'ya Ramazanın kaçı olduğunu soranlar olur. Hoca:

– Biraz sabredin. Şimdi size Ramazanın kaçı olduğunu söylerim, der.

Soruyu soranlar,

– Bekliyoruz Hocam, derler.

Hoca, doğruca evine gidip çömlekteki taşları saymaya başlar. Yüz yirmi tane taş bulur.

Kendi kendine:

– Doğrusunu söylesem bana deli derler, diye düşünür. Çarşıda kendisini bekleyenlerin yanına gidince:

– Bugün Ramazanın kırk beşidir, der.

Hocayı bekleyenler hayretle:

– Aman Hocam, bu nasıl hesap? Ay dediğin kırk beş gün olmaz ki, derler.

Hoca işin doğrusunu açıklamak zorunda kalır:

– Ben yine insaflı davrandım da size kırk beşi dedim. Yoksa **bizim çömlek hesabına bakacak olursak, bugün ayın yüz yirmisidir.**

DOLAŞA DOLAŞA İP OLUR...

Hoca Nasreddin, bir gün vaaz için kürsüye çıkar. Öğütler verir. Vaazın sonunda da:

– Ey cemaat, şayet oğlunuz olursa, sakın ismini Eyüp koymayın, der.

– Niçin Hoca efendi? diye sorarlar. Hoca:

– **Çünkü, halkın dilinde dolaşa dolaşa, "ip" olur,** cevabını verir.

PEKMEZLİ YOĞURT

Nasreddin Hoca'nın bir gün canı yoğurt ister. Birlikte gezdiği arkadaşına, ortaklaşa bir kap yoğurt almayı önerir. Anlaşırlar.

Yoğurt ortaya gelince, Hocanın arkadaşı:

– Ben, kendi payıma düşen bölüme pekmez koyacağım... der.

Nasreddin Hoca,

– İyi ama, der. Kabın yarısına pekmez dökünce, her tarafına bulaşır. Oldu olacak bütün kaba dök de, ağız tadıyla bir yoğurt yiyelim...

Ancak yol arkadaşı, bu öneriyi kabullenmez. Kabın sadece yarısına pekmez dökmekte ısrar eder.

Nasreddin Hoca da, o zaman:

– Peki öyleyse, der. Ben de kendi tarafıma sirke dökeceğim...

Bu sefer arkadaşı telaşlanır:

– Aman Hoca'm, ne yapıyorsun? der. Yoğurda sirke koyarsan yoğurdun hepsi sirkeli olur, yenmez...

Nasreddin Hoca arkadaşına döner:

– Öyleyse daha fazla inat etme de, pekmezi bütün kaba dök. **Ekşi-tatlı karışımı yoğurt yerine, tatlı tatlı yoğurt yiyelim,** der.

YILDIZ YAPARLAR

Nasreddin Hoca'ya dostları sormuşlar:

– Yeni ay çıktığında, eski ay'ı ne yaparlar Hoca'm?

Nasreddin Hoca gülümseyerek:

– Bunu bilmeyecek ne var! diye cevaplamış. **Kırpıp kırpıp yıldız yaparlar...**

ELİNDEN ALMAK KOLAY...

Nasreddin Hoca'nın evine, bir gece hırsız girer.

Karısı, yandaki odadan gelen sesleri duyunca, telaşlanır.

– Hoca Efendi, kalk, eve hırsız girdi, der.

Nasreddin Hoca:

– İlahi hatun, diye cevap verir. Düşündüğün şeye bak. **O çalacak bir şey bulsun da, elinden alması kolay.**

CENNET VE CEHENNEM

Nasreddin Hoca, bir gün camiye gitti. Vaazını verdi.

Vaaz bittikten sonra cemaate:

– Cennete gitmek isteyenler ayağa kalksın, dedi.

Herkes ayağa kalkmıştı. Yalnız adamın biri oturmaya devam etti.

Nasreddin Hoca, bu kez sorusunu değiştirdi:

– Cehenneme gitmek istemeyenler ayağa kalksın!...

O adam hariç, herkes yine ayağa kalktı.

O zaman Nasreddin Hoca, her iki soruda da ayağa kalkmayan adama döndü:

– Sen cennete mi gitmek istiyorsun, yoksa cehenneme mi? Hiçbirinde ayağa kalkmadın da... diye sordu.

Adam boynunu büktü:

– Hiçbirine Hoca'm, dedi. Ben şimdilik dünyada yaşamak istiyorum...

BEN DIŞARIDAN SEN İÇERİDEN

Hoca eşeğini pazara götürüp satışa çıkarmış. Tellal hayvanı gezdirirken, bir yandan da özelliklerini sayıp döküyormuş.

Herkes birbiri ardınca pey sürmeye, fiyatı arttırmaya başlamış. Hoca bu hali görünce: "Vay, benim hayvanım bu kadar güzel olduktan sonra ben neden almıyorum!" diye kendi de pey sürmeğe başlamış. Nihayet hayvan en yüksek fiyatı veren kendisinde kalmış. Hatırı sayılır bir canbaz ücreti ödemiş.

Gece, meseleyi karısına anlatırken, karısı da:

– Bugün başıma tuhaf bir şey geldi. Kaymak alıyordum, adam görmeden terazinin dirhem tarafına altın bileziklerimi usulca koydum. Kaymak tabağını dolu dolu alıp savuştum, demiş.

Karısının marifetini dinleyen Hoca, şöyle söylemiş:

– Ha gayret hanım sultan! Ben dışarıdan, sen içeriden elbirliği ile gayret edelim de şu evin idaresini yoluna koyalım.

BENİM KARIYA SÖYLE, DAHA GİDEYİM Mİ!

Bir gece, karısı, yatakta Nasreddin Hoca'ya:

– Hocaefendi, biraz ileri git! deyince, Hoca hemen pabuçlarını ayağına giyip yürür.

İki saat kadar yol gittikten sonra, tanıdık bir adama rast gelir.

Ona:

– Akşehir'e vardığında bizim eve uğra, benim karıya söyle, daha gideyim mi?

CUMA NAMAZINA GİDİYORUM

Nasreddin Hocanın eşeği tenbel mi tenbelmiş. Hoca ondan çok şikayetçiymiş.

Bir gün Hoca, eşeğine binmiş gidiyormuş.

Yolda bir dostuyla karşılaşmış.

Dostu sormuş:

– Hayrola Hoca'm, nereye gidiyorsun böyle?

Nasreddin Hoca:

– Cuma namazına gidiyorum... cevabını vermiş.

– Nasıl olur, bugün günlerden salı! demiş adam.

Nasreddin Hoca altındaki eşeği göstermiş:

– Böyle bir eşeğin olursa, ancak salı günü yola çıktığında, cuma namazına yetişebilirsin... demiş.

KORKUTMAK İÇİN DEMİŞ

Nasreddin Hocanın eşeğinin bir gün inatçılığı tutar. Hoca da kızar, onu ahıra bağladıktan sonra oğluna yüksek sesle bağırır:

– Şu hayvana ne yem, ne de su ver! Açlıktan ölsün gitsin, der.

Hoca, ahırdan çıkar çıkmaz hemen oğlunun kulağına eğilir:

– Ben yalandan, onu korkutmak için böyle dedim, der. Sakın hayvanı aç ve susuz bırakayım deme. **Ben görmemiş olayım. Sen onun yemini de, suyunu veriver.**

BELKİ ALTI ÜSTÜNDEN İYİDİR

Nasreddin Hoca'ya bir gün, bir tanıdığı şöyle der:

– Hoca'm, ahlak iyice bozuldu. Böyle giderse, dünyanın altı, üstüne gelecek...

Nasreddin Hoca:

– Olsun, der. **Belki altı, üstünden daha iyidir.**

KAÇ YILDIR EVLİYMİŞ?

Nasreddin Hoca, bir gün, bir toplulukta karısından yakınıyormuş.

Dinleyenlerden birisi sormuş:

– Bu kadınla kaç yıldır evlisin Hoca'm?

Nasreddin Hoca:

– Yüz yıldır, diye cevaplamış.

Adam şaşırmış:

– Aman Hoca'm, daha yaşınız kırk, nasıl olur?

Nasreddin Hoca, gülmüş:

– **Olur, olur** demiş. **Sen bizim eve gel de, günlerin, ayların, yılların nasıl geçtiğini bir gör...**

SENİN GENÇLİĞİNİ DE BİLİRİM

Nasreddin Hoca, oldukça yaşlanmıştır.

Bir gün bağa gitmek için eşeğine binmeye çalışır. Ama bir türlü binemez.

Sonra da:

– Ah, ihtiyarlık! Diye iç çeker. Sonra da sağına soluna bakınır.

Kimsenin olmadığını görünce:

– Hadi canım sen de. **Ben senin gençliğini de bilirim,** diye kendi kendine mırıldanır.

UYKUM KAÇTI DA
ONU ARIYORUM

Nasreddin Hoca, yatsı namazını kıldıktan sonra, yatağına uzanmış. Ama bir türlü gözüne uyku girmiyormuş.

Kalkmış, elbiselerini giymiş. Eline feneri alarak, evden çıkmış.

Mahalle bekçisi, onun böyle gece yarısı sokaklarda dolaştığını görünce meraklanıp sormuş:

– Ne oldu Hoca Efendi? Bu geç saatlerde ne arıyorsun böyle? Ters giden, bir durum mu var?

Nasreddin Hoca, bekçinin yüzüne gülümseyerek bakmış.

– **Uykum kaçtı da, onu arıyorum, Bekçi Efendi!** cevabını vermiş.

KONYA İLE AKŞEHİR'İN HAVASI BİR

Bir gün, Nasreddin Hoca, Konya'ya gider.

Camide vaaz verirken:

– Ey müslümanlar, der. Sizin şehrinizin havasıyla bizim Akşehir'in havası birdir.

Vaazı dinleyenlerden biri:

– Nereden biliyorsun Hoca'm? diye sorar.

Nasreddin Hoca:

– **Akşehir'de gökte ne kadar yıldız görünüyorsa, Konya'da da o kadar görünüyor,** cevabını verir.

EŞEĞİN YULARI BİZİM AMA

Hırsızlar, Nasreddin Hoca'nın eşeğinin yularını çalarlar.

Aradan birkaç gün geçer. Nasreddin Hoca, eşeğinin yularını, başka bir eşeğin boynunda görür.

– Allah, Allah der, **bu yular bizim eşeğin yuları. Ama başı nasıl olup da değişmiş...**

BİRAZ DA O YIKANSIN

Nasreddin Hoca, göl kıyısında çamaşır yıkayan karısına yardım ediyormuş.

Bir ara, kapkara bir karga, yanlarına sokulup sabunu kaptığı gibi uzaklaşmış.

Hoca'nın karısı, telaşla yaygarayı basmış:

– Hoca Efendi, yetiiiş, karga sabunu kaptı!..

Nasreddin Hoca, yerinden bile kıpırdamadan:

– Hatun, demiş, görüyorsun **karganın üstübaşı bizden daha kara. Varsın biraz da o yıkanıp, temizlensin.**

DİREĞİN TEPESİNE SIĞIR NASIL ÇIKTI?

Nasreddin Hoca, birkaç kuruş biriktirmiştir. Kendine bunu saklayacak bir yer arar.

– Acaba nereye gizlesem? diye düşünürken, karşıdaki tepe ilişir gözüne.

Uzun bir sopa alarak tepeye çıkar. Para çıkınını sopanın tepesine bağlar. Sonra da sopayı toprağa sokar.

İçinden de:

– Bu hırsız kuş değil ya, direğin tepesindeki parayı alıp kaçsın! diye düşünür.

Nasreddin Hoca, parasını saklarken, hırsızın biri de, farkettirmeden onu izlemektedir. Hocanın yaptığı her şeyi görür.

Hoca, içi rahat olarak tepeden uzaklaşır.

Onu gözetleyen hırsız, Nasreddin Hoca uzaklaştıktan sonra tepeye çıkar, direği söküp parayı alır. Direğin tepesine de sığır pisliği sürer. Nasreddin Hoca'nın yaptığı gibi sopayı yeniden yere diker, sonra da çekip gider.

Nasreddin Hoca'nın bir gün paraya ihtiyacı olur. Hemen tepeye çıkıp sopanın yanına gelir.

Ama bakar ki:

Sopa yerli yerinde durduğu halde, paranın yerinde yeller esmektedir.

Nasreddin Hoca düşünür, fakat olayın içinden bir türlü çıkamaz.

Kendi kendine:

– **Kuştan başka bir şeyin çıkması mümkün olmayan bu sırığın tepesine, sığır nasıl çıktı da pisledi acaba?** diye söylenir.

KARLA EKMEK YEMEK

Nasreddin Hoca bir kış günü, evinin damı üzerine yağan kardan bir parça alır. Peynir gibi ekmeğinin arasına koyar yemeye başlar.

Sonra da:

– **Karla ekmek yemeyi ben buldum, ama ben de beğenmedim,** der kendi kendine.

DOLMANIN HESABI

Hoca bir gün bir ziyafete gider. Yemekte çok sevdiği dolma vardır. Hoca, dolmaları ikişer ikişer yemeye başlar. Sofradakiler, hayretle onu seyreder.

– Bunun mutlaka bir anlamı vardır."

diye düşünürler. Niçin böyle yaptığını sorarlar. Hoca, ağzı tıka basa dolu olduğu için, güçlükle cevap verir:

– **İkisi farz, ikisi sünnet, dördü de canıma minnet!...**

NALBANT MI, YOKSA BERBER Mİ?

Bir gün Nasreddin Hoca bir berbere gider. Aceminin de acemisidir berber; usturası da kör-mü kördür. Hocanın yüzünü adeta kazır, keser, yer yer kanatır. Canı yanar Hoca'nın. Ama acemi berber oralı bile değil. Hoca başlar soğuk soğuk terlemeye... Tam bu sırada bir böğürtü gelir yan-daki dükkandan. Hoca:

– Ne oluyor yanda yahu? diye merakla sorar.

Berber:

– Meraklanacak bir şey yok Hocam, der. Kom-şu dükkan nalbant dükkanıdır. Herhalde bir deli öküz nallanıyordur.

– Yaa!... diye cevap verir Hoca. **Ben de orada birini traş ediyorlar sanmıştım!...**

SÜNNET DÜĞÜNÜNE DAVET

Nasreddin Hoca'nın bir öğrencisi sünnet ol-maktadır. Hocayı öğrencinin sünnet düğününe çağırmayı unuturlar. Buna çok alınan Hoca, zer-deyle pilav aklına gelince, yerinde duramaz olur. Hemen düğün evine gelip, çocuğun babasını ka-pıya çağırtır.

– Şu alfabeyi oğlun bizde unutmuş, yarın derse çalışması gerekir, der.

Baba, oğlunun alfabesini unutmadığını, yanında eve getirdiğini iddia edince, Hoca büsbütün bozulur.

– Yaaa! Öyle mi? der. **Hocasını düğüne çağırmayı unutan çocuk, alfabeyi nasıl olur da unutmaz... Unutmuştur, unutmuştur.**

... Ve böyle diyerek içeriye girer.

BOYU LAZIM

Hoca, pazardan eşek alırken metreyle eşeğin boyunu ölçmeye başlamış. Oradan geçen bir at satıcısı:

– Hoca ne yapıyorsun? Eşeği böyle muayene etmezler, yaşını anlamak için dişine bakarlar, demiş.

Hoca da:

– **Tarlaya giderken bir ben, bir karı, bir de çocuk üçümüz birlikte bineceğiz. Bana hayvanın dişi değil, boyu lazım**, demiş...

SANATIN YARISINI ÖĞRENMİŞ

Nasreddin Hoca'yı, annesi, çocukken bir dokumacının yanına çırak olarak vermiş. Küçük Nasreddin, iki yıl işine muntazam olarak gidip gelmiş. Bir gün annesi oğluna:

– Çocuğum şimdiye kadar neler öğrendin anlat bakayım?.. diye sormuş.

Küçük Nasreddin tereddüt etmeden şu cevabı vermiş.

– Anneciğim, sanatın yarısını öğrendim. Bükülmüş şeyleri çözebiliyorum artık. Şimdi bükme işi kaldı. Onu da birkaç yılda öğrenirim. Olur, biter.

KAZMA KILIFI

Nasreddin Hoca çocukluğunda, arkadaşlarıyla birlikte, köyün dışında oynuyormuş. Çocuklardan bazıları, o civarda buldukları eski bir çizme tekini getirmişler ve Küçük Nasreddin'e göstererek:

– Bu nedir? diye sormuşlar.

Küçük Nasreddin, çizmeyi alarak evirmiş, çevirmiş,

– Bunu bilmeyecek ne var? **Kazma kılıfı!**... diye cevap vermiş.

AHIR

Hoca bir iş için şehre inmiş. Sokakları dolaşırken yeni inşa edilmiş, gösterişli bir konak görmüş. Neyin nesi olduğunu merak edip kapıda duran bir hizmetçiye sormuş. Adam, Hoca merhumu saf bir köylü sanarak biraz da alaylı alaylı:

– Sen hiç ahır görmedin mi, baba? demiş. Bu da bir ahır işte!

Hoca Nasreddin bu. Hiç renk vermemiş:

– Ya öyle mi! Kim bilir, bu koca ahırda ne büyük hayvanlar barınıyordur! demiş ve yürümüş.

BULGURDAN TOHUM OLUR MU?

Nasreddin Hoca, bir gün Sivrihisar'a gitmiş. Bir ahçı dükkanında tavuk yemiş. Fiyatını ödeyeceği zaman para kesesini evde unuttuğunu farketmiş. Aşçı da kendisini tanıdığı için:

– Başka bir sefer geldiğin zaman ödersin, demiş.

Aradan aylar geçtikten sonra, Hocanın yolu yine Sivrihisar'a düşmüş. İlk iş olarak aşçı dükkanına giderek, geçmişteki borcunu ödemek istemiş. Borcunun ne olduğunu sorunca, aşçı:

– Yüz akçedir, demiş.

Hoca bu fiyata şaşıp kalmış.

– Bu ne iştir bire insafsız. Tavuğun en irisi bile bir akçe iken, benden nasıl olur da yüz akçe istersin? diye sormuş.

Aşçı şu cevabı vermiş:

– Eğer sen bu tavuğu yemeseydin, tavuk her gün birer yumurta yumurtlayacaktı. Sonra kuluçkaya yatıp civciv çıkaracaktı. Civcivler büyüyecek, tavuk olacak; onlar da yumurtlayacak, yumurtalardan civciv çıkacaktı.

Nasreddin Hoca bu hesap karşısında gülmeğe başlamış. Adamın şaka ettiğini sanmış ama, iş öyle çıkmamış. O zaman Hoca, bu parayı veremeyeceğini söyleyince, aşçı yakasına yapıştığı gibi kendisini Kadı'nın huzuruna götürmüş. Aşçı davasını anlatınca, aşçının yakın dostu olan Kadı, Nasreddin Hocaya dönerek:

– Aşçının hakkı var, demiş. Yüz akçeyi vereceksin!

Nasreddin Hoca şöyle bir düşünmüş.

– Pekala, vereyim ama, biraz izin verin! demiş. Yeni sürdüğüm tarlama bulgur ekeyim de mahsulünü satıp yüz akçeyi ödemeye çalışayım.

Kadı kaşlarını çatarak Hocaya çıkışmış:

– Bu ne biçim bahane? Hiç bulgurdan, kaynatılmış buğdaydan tohum olur mu? demiş.

Hoca taşı gediğine koymuş:

– Bre Kadı efendi, demiş. **Pişmiş tavuğun yumurtlayacağına inanırsın da kaynatılmış buğdaydan ekin biteceğine neden inanmazsın?**

Kadı, bu cevap karşısında ister istemez. Hocayı serbest bırakmak zorunda kalmış.

YEMİN ETSE, BAŞI AĞRIMAZ!..

Nasreddin Hoca, bir aralık, su satmaya karar vermiş. İki kese akçe verip, bir boş fıçı satın almış. İçine çeşme suyu koyarak, bardağını bir akçeye satmaya başlamış. Bu sudan içenlerden bir kısmı:

– Hoca efendi! Bu su, çeşme suyuna benziyor. Sakın bunda bir yanlışlık olmasın? demişler.

Hocanın buna cevabı şu olmuş:

– **Vallahi, fıçısını iki kese akçeye aldım. Hiç bir yanlışlık yok!..**

YA ÇOCUKLARINI BIRAK, YA DA YAKAMI...

Nasreddin Hocanın çok kararsız bir arkadaşı varmış. Bir gün uzakça bir yolculuğa çıkmaya niyetlenmiş. Ama karısı ile çocuklarını da beraberinde götürüp götürmemek konusunda bir türlü karara varamıyormuş. Sonunda Hocaya danışmaya karar vererek yanına gelmiş:

– Bilmem haberin var mı Hocam? Ben bir yolculuğa çıkıyorum.

– Duydum. Sağlıcakla git, sağlıcakla gel!

– Bu yolculuğum uzunca süreceği için karımla çocuklarımı yanımda götürüp götürmemek konusunda bir türlü karara varamıyorum. Onları bırakıp nasıl gideyim?

– Beraberine al öyleyse..

– Fakat yolculuk zahmetli. Çocuklar da küçük..

– Bırak öyleyse...

– Bırakıp gideceğim ama, aklım burada kalacak...

– Bunu düşünüyorsan, onları da yanında götür.

– Gideceğim yerde bunlarla mı meşgul olacağım, işimle mi? Çok sıkıntılı olacak benim için...

– Anlaşıldı, bırak!

– Bırak demek kolay. Burada hiç bir akraba ve yakınım da yok.. Üstelik çocuklar beni çok severler. Bensiz yapamazlar.

Hoca bakmış ki kararsız arkadaşına bir karar verdirmek mümkün olmayacak. Son sözünü şöyle söylemiş:

– Arkadaş! Durumunu anlıyorum. Bir türlü karar veremiyorsun. Benim de işim gücüm var. **Ya çocuklarını bırak, ya da benim yakamı!**

BEN SAĞ İKEN ŞURADAN GİDERDİM!

Nasreddin Hocanın evine odun lazım olur. Hoca bir ağaca çıkıp, bindiği dalı kesmeğe başlar. Bu hali görenlerden biri:

– Hoca ne yapıyorsun, düşeceksin! der.

Ama Hoca bu uyarıya hiç önem vermez. Ne var ki, iki dakika geçmeden dal çatır çutur kırılır, Hoca da paldır küldür aşağı düşer.

Hoca, yarasına beresine aldırmadan hemen yerinden fırlar. O adamı bulup:

– Ey oğul, anlaşılıyor ki, sen ermiş bir adamsın. Madem benim düşeceğimi bildin, öleceğimi de bilirsin. Ne zaman öleceğimi bana haber ver! der.

Adam Hocanın elinden yakasını kurtarıp yoluna devam etmek için şu sudan açıklamayı yapar:

– Eşeğine odunu yükleyip yokuş yukarı giderken eşek bir kere zıplayınca canının yarısı gider, ikinci zıplayışta da hepsi çıkar.

Havanın sıcaklığından ve yorgunluktan zaten halsiz kalan Hoca, eşeğin birinci zıplamasında kendisinde ölüm alâmetleri hisseder. İkincisinde ise büsbütün sinirleri boşanır. "Eyvah, ben öldüm!" deyip kendisini bırakıverir.

Yoldan geçen köylüler, Hocayı bet beniz uçmuş, yere yığılıvermiş halde bulunca, öldü sanarlar. Köyden bir tabut getirip Hocayı içine koyarlar.

Şehre götürürken, yolun çatallandığını görünce; hangi yolun daha kestirme olduğunu seçemiyerek, acaba şuradan mı gitsek, buradan mı gitsek? diye münakaşaya başlarlar. Bu çekişmeyi duyan Hoca, tabuttan başını kaldırarak şöyle söyler:

– **Ben, sağ iken şuradan geçerdim!**

ALLAH'IN HİKMETİNE BAK!

Nasreddin Hoca, bir sabah erkenden kendi bostanına gitmiş. Çapa çapalamış, sebze dikmiş. Öğleye doğru yorulup, bostanın yanında bulunan ceviz ağacının gölgesine uzanıp yatmış. Aşırı terlediğinden, başından kavuğunu da çıkarmış.

Hoca Bostanda sağa sola bakınırken, gözü önce bostandaki bal kabaklarına, sonra da altına uzanmış bulunduğu ceviz ağacının dallarındaki cevizlere takılmış.

Kendi kendine:

– Şu Allah'ın işlerine akıl sır ermiyor, diye düşünmüş. Baksana şu koca ceviz ağacına ufacık cevizleri asmış. Parmak kalınlığındaki bitkilere de şu kocaman bal kabaklarını layık görmüş. Halbuki, cevizler, o bir karış boyundaki bitkilere; bal kabakları da şu kocaman ağaçlara daha yakışırdı.

Hoca, tam bunları düşünürken ağaçtan kopan bir ceviz çıplak başının üstüne düşmemiş mi?

Hocanın birden aklı başına gelmiş.

– Allahım, sana çok şükür! diye duaya başlamış. **İyi ki benim aciz kafamla düşündüğüm gibi bal kabaklarını böyle ulu ağaçlarda yetiştirmemişsin! Böyle yapaydın, şimdi benim halim ne olurdu?**

4 KİŞİ BİR YATAĞA NASIL SIĞAR?

Nasreddin Hocanın karısı ölmüştür. Mahalleli, kendisini, kocası ölmüş dul bir kadınla evlendirirler.

Fakat dul kadın, eski kocasına fazlasıyla bağlı biridir. Daha ilk geceden itibaren, yatağa girer girmez:

– Ah benim rahmetli kocam şöyle idi, ah böyle idi diye... konuşmağa başlar.

Hoca ilk günler ses çıkarmaz. Yeni karısının, bu huyundan vazgeçmesini bekler.

Ama, kadın, her gece kocasını sayıklayıp durmayı daha da artırır.

Hoca bakar ki olacak gibi değil, o da yatağa girince kendi ölmüş karısını övmeğe başlar.

– Ah benim rahmetli karım şöyle idi, vah benim karım böyle idi...

Kadın, Nasreddin Hocanın bu imâlarından da yine bir şey anlamaz.

Bir gece, yatağa girer girmez, eski kocasını övmeğe başlayınca Hoca artık dayanamaz. Bir tekme vurduğu gibi kadını yataktan yere yuvarlar.

Kadın şaşkın halde toparlanıp doğrulurken:

– Ne yaptın efendi? diye Hocaya çıkışır.

Nasreddin Hocanın cevabı hazırdır:

– İnsaf be kadın! Bir sen varsın, bir ben varım. Bir senin eski kocan var, bir benim eski karım var. **Dört kişi şu yatağa nasıl sığsın?**

BENİM YERİME BİR AKÇEYİ SEN ALIRSIN!

Adamın biri Hocanın ensesine bir tokat indirir. Hoca arkasına dönüp bakınca:

– Affedersiniz, sizi samimi dostlarımdan biri sanmıştım! şeklinde bahane ileri sürer.

Ama Hoca, adamın yakasını bırakmayıp mahkemeye götürür. Kadıya şikayet eder. Ancak adam, Kadının yakın bir dostudur. Bu yüzden Kadı, Hoca'ya:

– Haydi Hoca, sen de ona bir tokat vur! der. Hoca bu teklife razı olmaz. Bunun üzerine Kadı:

– Öyle ise, bir tokadın karşılığı bir akçedir. Davalı kişi, bir akçe getirsin Hocaya versin. Helallaşsınlar, hükmünü verir.

Adam mahkemeden çıkar, akçeyi getirmeğe gider. Hoca saatlerce adamın gelmesini bekler. Sonunda savsaklandığını anlar. Bir ara Kadı'nın dalgınlığından istifade ederek, onun boynuna, okkalı bir sille indirir. Sonra da şöyle der:

– Kadı Efendi! **Madem ki bir tokatın karşılığı bir akçedir, benim fazla beklemeye vaktim yok, adamın getireceği bir akçeyi, benim yerime sen alırsın!**

HOCANIN PARASI NERDE BATTI, NERDE ÇIKTI?

Bir gün Nasreddin Hocanın yüz akçesi çalınmıştı. Hoca, mescitte paralarına tekrar kavuşmak için sabahlara kadar Cenâb-ı Hakka yalvarıyordu. O sırada şehrin büyük tüccarlarından birinin bindiği gemi fırtınaya yakalanmıştı. Tüccar zat eğer selâmet bulursa, Hocaya yüz akçe vermeyi adamıştı.

İki hafta sonra selâmetle memleketine gelince, adağını getirip Hocaya verdi. Sonra başından geçenleri anlatarak:

– Mânevi himmetinizle pek garip bir surette batmaktan kurtulduk, dedi.

Nasreddin Hoca duasının kabul edildiğini anlamıştı.

– Hey kudretine kurban olduğum Allah, dedi. Sana nasıl şükredeyim! Şu **bizim parayı nereden batırdın, nereden çıkardın!**

BEN SENİ KENDİM SANDIM!

Bir gün Hocanın yanına bir zat gelmiş. Öteden beriden bir hayli konuşmuşlar. Giderken Hoca:

– Affedersiniz, siz kimsiniz? Tanıyamadım, demiş.

O zat da şaşırmış:

– Madem tanımadınız, şimdiye kadar böyle 40 yıllık dost gibi nasıl konuştunuz? diye sorunca, Hoca şu cevabı vermiş:

– **Baktım ki kavuğun kavuğuma, kaftanın kaftanıma benzer, ben de seni kendim sandım.**

HELE ŞU PİLAVIN BİR HATIRINI SORAYIM!

Şaka yapmayı seven bir adam, Hocayı Ramazanda iftara davet eder. Ama gündüzden cami cami dolaştırıp onu iyice acıktırır.

İftar zamanı yemek odasına girerler. Sofrada sıra sıra dizili olan hindi dolması, baklava, börek gibi şeyler Hocanın ağzını sulandırır. Nihayet sofraya otururlar. Ortaya önce işkembe çorbası gelir. Ev sahibi bir kaşık alır almaz:

– Hay Allah müstahakını versin kâhya, sana kaç kere şu ahçıya söyle, çorbaya sarmısak koy-

masın, demedim mi? Çabuk kaldırın şunu! der.

Çorba kâsesi kalkar. Ardından Hindi dolması gelir. Ev sahibi bir lokma alır. Öfkeden küplere biner:

– Kahya, bu herif baharat kullanmasın diye geçen gün sana söylemedim mi? Bana dokunduğunu bilmez misin? Kaldırın şunu da hemen...

Hindi dolması da sofradan gider. Hoca içinden bir ah çeker. Açlığı iyice artmıştır. Bir hizmetçi, baklavayı getirir bu sefer. Ev sahibi hiddetle hizmetçinin yüzüne bakıp:

– Be sersem adam, aç karnına tatlıdan başlanır mı? Yıkıl oradan! der.

Böylece baklava tepsisi de kapı dışı edilir.

Hoca, en nefis yemeklerin birer bahane ile geri gittiğini görünce, hemen kaşığı eline alır. Az ileride sofraya konma sırasını bekleyen pilav tepsisine koşup kaşıklamağa başlar. Ev sahibi gülerek seslenir:

– Hoca gel, neye savuştun?

Hocanın cevabı hazırdır:

– **Aman biraz müsaade edin, sofraya getirilen yemeklerin günahları sayılıp bitinceye kadar şu bizim eski dostun biraz hatırını sorayım.**

Her taraftan kahkahalar yükselirken, sırasıyla yemekler yeniden sofraya getirilmeğe başlanır.

KURDUN KUYRUĞU KOPARSA TOZU DUMANI O VAKİT GÖRÜRSÜN!

Bir gün Hoca, öğrencisi İmad'la birlikte kurt avına gitmiş. İmad, kurt yavrusu tutmak fikriyle bir kurdun inine girmiş.

Dışarıda bulunan ana kurt o sırada gelerek içeriye girmek isteyince, Hoca atik davranıp hayvanın, kuyruğundan yakalamış. Kurt, kuyruğunu kurtarıp inine girmek için eşinmeye, çabalamağa başlamış. İçeride kurt yavrusunu arayan ve dışarıda olup bitenden henüz haberi olmayan İmad'ın gözüne toz toprak kaçınca:

– Hocam, ne diye tepiniyorsun? Ortalığı pek tozuttun! demiş.

Hoca içeri doğru:

– **Kurdun kuyruğu koparsa, sen asıl tozu dumanı o vakit görürsün! diye bağırmış.**

AĞANIN ŞAKASI YOK

Hoca bir gün Konya'ya gittiğinde, eşraftan biri:

– Hocam sizi pek sevdim, buyurun bizim eve, tuz ekmek yiyelim, demiş.

Hoca bu daveti memnuniyetle kabul ederek, beraberce gitmişler.

Biraz sonra hakikaten ortaya tuzla ekmek gelmiş. Hocanın karnı çok aç olduğundan, çaresiz tuza banıp ekmeği yemeğe başlamış. Bu sırada bir dilenci, pencerenin önüne gelip bir şey istemeye ve yalvarmağa başlayınca, ev sahibi kızmış:

– Defol oradan, şimdi kafanı kırarım! demiş.

Dilenci hala yalvarmakta devam edince, Hoca başını dilenciden tarafa çevirip:

– Bana bak, demiş. Sen bu ağayı başkalarına kıyas etme! Öyle yalanı, şakası yok! **Sözünün eridir. Dediğini yapar.**

YA BİZİM MASRAFLARI
KİM KARŞILAYACAK?

Hoca bir gün birkaç bıldırcın avlayıp, güzelce temizlemiş, kızartmış, tencerenin ağzını kapıyarak bahçesinde dostlarına bir ziyafet çekmek istemiş. Böylece avcılıktaki meharetini de onlara göstermek istiyormuş. Dostlarını yemeğe çağırmak üzere dolaşırken komşularından biri gelerek pişmiş bıldırcınları saklayıp tencerenin içine birkaç tane canlı bıldırcın koymuş.

Davetliler hazır olunca, Hoca tencereyi ortaya getirip, kapağını açmış, bıldırcınlar hemen uçup gitmişler.

Hoca bir müddet hayretle bakakaldıktan sonra şöyle demiş:

– Hikmetine kurban olduğum Allahım, **diyelim ki, bıldırcınlara yeniden hayat verip onları sevindirdin. Ya benim yağım, tuzum, biberim, ateşim, bunca emeklerim ne olacak? Onları kim karşılayıp, beni kim sevindirecek?**

MUM, KAZANI KAYNATAMAZ MI?

Komşuları bir plan yaparak Hocaya bir ziyafet verdirmeyi aralarında kararlaştırırlar. Sonra meseleyi Hocaya açarlar. İşi inada bindirmek için de: "Bir iş var amma sen bunu yapamazsın" derler. Hoca işi sorunca anlatırlar:

– Bu gece sabaha kadar şehir meydanında duracaksın. Sabah namazında büyük camide birleşeceğiz. Yapabilirsen biz sana ziyafet çekeceğiz. Yapamazsan, sen bize. Fakat yanında hiç bir ateş bulunmayacak. Karşı evlerden de seni gözetliyecekler. İyice düşün, taşın.

Hoca:

– Böyle aptalca bir işe girişmem, ama size ne inat adam olduğumu göstereceğim, der.

Nihayet yeri tayin ederler. Hoca sabaha kadar orada bekler. Ama soğuktan da iliklerine kadar üşür. Sabahleyin camide buluşunca, nasıl vakit geçirdiğini sorarlar. Hoca:

– Kardan her yer bembeyazdı. Sabaha kadar fırtına devam etti. Çok uzak mahalledeki bir mum ışığından başka aydınlık da görülmüyordu, cevabını verir.

Komşuları, Hocaya:

– Olmadı, olmadı, derler. Anlaşmamızda ateşe ait hiç bir şey bulunmıyacaktı. Sen o ışıktan ısınmışındır. Dolayısıyla bahsi kaybettin.

Herkes bu fikre evet deyince, Hoca ziyafet vermeye mahkum edilir. Ertesi akşam Hocanın evi dolup taşar. Fakat bir türlü yemeğin çıkacağı yok. Nihayet Hocayı aramak için avluya çıkar bakarlar ki, Hoca bir ağacın dalına kocaman bir kazan asmış, altına da bir mum koymuş. Karşısına geçip oturmuş, bekliyor. Misafirlerin:

– Nedir bu hal Hocam, ne yapıyorsun? demelerine karşı:

– Ne yapacağım, size yemek pişiyorum, der.

– Ayol, gökyüzüne bir kazan asmışsın, altına bir mum yakmışsın. Hiç bir mumun ısısıyla, bu mesafedeki koca bir kazan kaynar mı?

Hocanın cevabı hazırdır:

– **Ne çabuk unuttunuz? İki gün evvelki gecenin ayazında, benim karşı mahalledeki mum ışığından ısındığıma hükmedersiniz de, bu mumun ısısından kazanın kaynayacağına neden inanmazsınız?**

HERKESİN MALI DAMININ ALTINDA GEREK...

Nasreddin Hoca, bir ara bahçesine birkaç fidan dikmiş.

Fakat akşam olunca fidanları yerinden söküp evin içine alırmış... Dostları merak edip sebebini sormuşlar.

Hoca, gülerek:

– Eh ağalar; ortalık bozuldu... Ne olur ne olmaz. **Herkesin malı, damının altında gerek**, cevabını vermiş.

SES DENEMESİ

Nasreddin Hocayı, gençliğinde bir camiye müezzin tayin etmişler.

Bir gün ezan okuduktan sonra, Hoca minareden inmiş, tekrar ezan okuya okuya sokaklarda koşmağa başlamış.

Sebebini soranlara da şu cevabı veriyormuş:

– Sesimin nerelere kadar ulaştığını anlamak istiyorum da, onun için böyle yapıyorum...

NE TARAFA DÖNEYİM?

Akşehir gölünde yıkanmak isteyen biri, orada bulunan Hocaya sormuş:

– Yıkanma esnasında ne tarafa döneyim?

Hoca şu cevabı vermiş:

– Elbisen ne tarafta ise, o tarafa dön...

VASİYET!

Hoca hastalanmış. Ziyarete gelenleri çok olmuş. Ama yanında fazla kalarak Hocanın canını iyice sıkmışlar. Nihayet çıkıp giderken Hocaya sormuşlar:

– Bize bir emriniz, bir vasiyetiniz var mı Hocam?

Hoca taşı gediğine oturtmuş:

– Evet, **size bir vasiyetim var. Bir hastanın ziyaretine gittiğiniz zaman, yanında sakın fazla oturmayın!**

BUZLU HOŞAF

Yazın sıcak günlerinden biriymiş. Nasreddin Hocayı bir ziyafete davet etmişler. Sofraya gelen lezzetli yemekler yenilmiş. Sıra buzlu hoşafa gelmiş. Ev sahibi, önüne konan kepçe gibi büyük bir kaşıkla hoşafı içmeye başlamış. Hoşaftan her alışta:

– Oh! Aman, yandım, öldüm!.. diyormuş.

Hoca ise elindeki küçük kaşıkla hoşaftan bir tad alamıyormuş. Sağa bakmış; sola bakmış; olmamış. Nihayet dayanamıyarak ev sahibine:

– Aman efendi, demiş. **Elinizdeki kepçeyi bana lütfediniz de bir kere de ben yanıp öleyim!**

İSTEDİĞİN KADAR VADE VEREYİM!

Dostlarından biri Hocadan ileri bir tarihte ödemek üzere, vade ile bir miktar borç istemiş.

Hoca şu cevabı vermiş:

– Vallahi birader, hiç birikmiş param yok, borç veremem. Fakat sen benim dostumsun, ne kadar istersen vade vereyim.

SAÇ SAKALDAN NEDEN
DAHA ÖNCE BEYAZLADI?

Nasreddin Hoca yaşlanmaya başlayınca, ilk olarak saçları ağarmış. Sakalının ise bir tek kılı bile beyazlaşmamış.

Bir gün berberde saçlarını kestirip sakalını düzeltirken, dostlarından biri sormuş:

– Hocam! Senin saçların hemen hemen tamamiyle beyazlaştı. Sakalında ise bir tek beyaz kıl yok. Bunun hikmeti nedir acaba?

Hoca:

– Gayet basit! cevabını vermiş. **Saçlarım sakalımdan yirmi yaş daha ihtiyar olduğu için...**

İLK KOYDUĞU YERDE OTLAMAK...

Nasreddin Hoca bir gün eşeğiyle dağa, odun kesmeye gitmiş. Odunları eşeğine yükledikten sonra:

– Haydi, doğru eve git! Bakalım sen mi, yoksa ben mi daha çabuk varacağız, diyerek hayvanı serbest bırakmış, kendi de kestirmeden evin yolunu tutmuş.

Fakat eve vardığında, eşeğinin hala gelmemiş olduğunu görmüş. Ondan önce geldiğine sevinerek beklemeye başlamış.

Beklemiş, beklemiş, ama eşek hala görünmeyince meraka düşmüş. Yola koyulup yeniden dağa gitmiş. Bir de ne görsün? Eşek hala ilk bıraktığı yerde otlayıp durmuyor mu?

Bu işe fena halde canı sıkılan Hoca:

– Ne biçim hayvansın? diye eşeği paylamış. **Ben taa eve kadar gittim, geldim. Sen ise hala ilk bıraktığım yerde otluyorsun!**

Hocanın bu sözü, daha sonra atasözleri arasında yer almış.

HİÇ HAKKI

Nasreddin Hoca'ya kadılığı sırasında bir adam başvurmuş. Yanında da kılıksız bir hamal varmış.

– Bu adamdan davacıyım Kadı Efendi, demiş. Hakkımı vermiyor bana!

– Ne hakkın var onda?

Adam anlatmış:

– Bu hamal odun yüklemiş gidiyordu. Bir ara ayağı kaydı. Odunlar sırtından yere döküldü. Benden odunları sırtına yüklemem için yardım istedi. Ben de zahmetime karşılık bana ne vereceğini sordum. "Hiç!" dedi. İstediğini yaptım. O da odunları götüreceği yere götürdü. Ücretini aldı. Ben kendisinden bana vaadde bulunduğu "hiç"i vermesini istiyorum, o ise oralı bile olmuyor. Hakkımı versin!

Nasreddin Hoca:

– Haklısın! demiş. Şöyle yanıma yaklaş!

Davacı sevinerek Hocaya yaklaşmış. Nasreddin Hoca, oturduğu postekinin bir ucunu tutarak kaldırmış. Ve adama sormuş:

– Orada ne görüyorsun?

Adam:

– Hiç! diye cevap vermiş.

– Güzel! demiş Nasreddin Hoca. **Al o "hiç"i de buradan hemen uzaklaşmaya bak! Hakkın kalmasın!**

EV YANMIŞ, AMA TAHTA KURUSUNDAN DA KURTULMUŞ!

Bir gün, Hoca'nın evi yanıyormuş. Karısı ve komşuları telaş içinde evden taşıyabildikleri eşyayı kurtamaya çalışırlarken, Hoca yanan evin karşısına geçip keyifli keyifli gülüyormuş. Onun bu tasasız halini şaşkınlık içinde seyredenler, dayanamayıp sormuşlar:

– Yahu Hocam, sen deli misin? Evin yanarken neden böyle gülüp seyrine bakıyorsun?

Hocanın cevabı hazırmış:

– A dostlar, ben sevinmiyeyim de kimler sevinsin. Allah'a binler şükür ki, artık tahtakurusundan kurtuluyorum.

KİME KIZARMIŞ?

Arkadaşlarından biri, bir gün Nasreddin Hoca'ya münasebetsiz bir soru sormuş:

– Hocam! Sen, senden önce evlenenlere mi daha çok kızarsın, yoksa senden sonra evlenenlere mi? demiş.

– Her ikisine de... demiş Hoca.

– Neden?

– Benden önce evlenenlere, **evleneceğim zaman bana gerekli öğüdü vermedikleri için kızarım.** Benden sonra evlenenlere de, **evlenmeden önce gelip benden öğüt almadılar diye darılırım.**

HOCA'NIN KÜPÜ

Nasreddin Hoca, evindeki çatlak küpü pazara götürüp satışa çıkarmış.

Küpün çatlak olduğunu gören alıcılar:

– Bu küp çatlak, Hoca, işe yaramaz. İçindekini dışarı döker, demişler.

– Allah Allah... demiş Hoca. Anlaşılan sizin almaya niyetiniz yok. Bari kimsenin malını açık açık kötülemeyin. Bunun **içindeki pamuğu karım az önce boşalttı. Bir parçası bile dökülmemişti!**..

KİM HABER VERDİ?

Nasreddin Hoca merhum, bir gün pazardan bir okka şeftali almış, ceplerine doldurmuş. Mahalle çocuklarının cıvıl cıvıl oynaştıkları bir arsanın önünden geçerken onları yanına çağırmış:

– Çocuklar, demiş, şu iki cebimdeki meyvelerin ne olduğunu ilk bilene, şeftalinin en büyüğünü vereceğim. Bilin bakalım cebimde hangi meyve var?

Çocuklar hep birden:

– Şeftali.. diye bağırmışlar.

Hoca bu cevaba pek şaşırmış:

– Vay canına... demiş. **Acaba bunu size hangi boşboğaz haber verdi?**

Daha sonra da ceplerindeki bütün şeftalileri çocuklara dağıtmış.

KARANLIKTA SAĞ-SOL
NASIL FARKEDİLİR?

Nasreddin Hoca ile karısı bir gece yarısı uyanırlar. Ortalık zifiri karanlıktır. O tarihlerde geceleri ışık meselesi ya çıra, yahut da mumla halledilmektedir.

Karısı:

– Efendi, şu mumu yakıver! der.

Hoca:

– Mum nerede ki? diye sorar.

– Sağ tarafında olacak...

Hoca cevap verir:

– Aman hatun! **Bu zifiri karanlıkta sağımı solumu nereden bileceğim!**

BİR MERAKIN SONU

Nasreddin Hoca yeni bir öküz satın alır. Öküz pek besilidir. İki tane de yay gibi kocaman boynuzu vardır. Hoca, "boynuzların arasına binsem acaba hayvan ne yapar?" diye düşünüp durur.

Bir gün öküzü otlarken görür. Fırsat bu fırsattır diyerek hayvanın iki boynuzunun arasına oturuverir. Fakat bundan huysuzlanan öküz, Hoca'yı kaldırıp yere çalar. Kafa üstüne takla atarak yuvarlanan Hoca, kendini kaybederek yere yığılır kalır.

Karısı gelip Hoca'yı o halde görünce, öldüğüne kanaat getirerek avazı çıktığı kadar bağırıp ağlamaya başlar.

Hoca bir ara gözlerini açıp başucunda karısını perişan bir vaziyette görünce:

– Ağlama karıcığım, der. **Gerçi epeyce sıkıntı çektim ama, Allah'a şükür öküzün boynuzları arasına oturma arzuma da nâil oldum...**

ON DOLUSU BİR KİLE EDER

Nasreddin Hoca kırda gezinirken bir tavşan yakalamış. Torbaya koymuş, evine götürmüş. Sonra eşine dostuna:

– Bu akşam bize gelin, demiş. Sizlere tuhaf bir şey göstereceğim.

Daha akşam olmadan, Hoca'nın karısı torbada ne var diye bakarken tavşan fırlayıp kaçmış. O da torbaya buğday ölçeğini koymuş.

Akşam herkes toplanınca Hoca torbayı ortaya getirip dikkatle ağzını açmış. Ölçek yere düşüvermiş.

Herkes şaşkın şaşkın bakarken, Hoca hemen kendini toparlayıp:

– Bakın, demiş, **bu ölçeğin on dolusu bir kile eder!**

HOCA ÜZERİNE NE ALDI?

Nasreddin Hoca ile bir grup arkadaşı kırda piknik yapmağa karar verirler. Herkes sıra ile, bir şeyler hazırlamayı üzerine alır.

Biri:

– Kuzu dolması benim üzerime olsun, der.

İkincisi:

– Börek benim üzerime olsun!.. der.

Üçüncüsü:

– Yenecek yemişler benim üzerime olsun!. der.

Böylece her biri, bir şeyi üzerine alırken, bakarlar ki Nasreddin Hoca hiç oralı olmuyor. Sadece ağzını iştahla şapırdatıp duruyor.

İçlerinden biri dayanamayıp sorar:

– Bre Hoca!.. Herkes üzerine bir şey aldı. Sen ise ağzını açmıyorsun... Böyle şey olmaz, **sen de üzerine bir şey almalısın...**

Hoca bu ısrarlı istek karşısında, üzerine alacağı şeyi şu şekilde açıklar:

– Hepiniz üzerlerinize bir şeyler aldınız. **Bu kır safasına gelmez, bol bol yiyip içmezsem; Allah'ın ve Peygamber'in bütün laneti de benim üzerime olsun!** der.

YERLİSİNE SOR!

Nasreddin Hoca'nın Konya'ya yeni geldiği günlerden biriydi. Akşehir, o sıralar ne de olsa gösterişsiz bir kasabaydı. Konya ise, büyük ve kalabalık bir şehirdi.

Şehirde şaşkın şaşkın dolaşırken, biri Nasreddin Hocanın karşısına dikildi:

– Molla! dedi. Bugün günlerden nedir?

Genç Nasreddin, hemen espri dolu olan cevabını yapıştırdı:

– **Vallahi bu şehre ben yeni geldim. Günlerini bilmiyorum. Sen onu şehrin bir yerlisinden sorup öğren!..**

BELKİ DE BİLİYORDUR

Nasreddin Hoca, boş vakitlerinde oğlu ile konuşmaktan çok zevk alırdı. Ona sorular sorar, aldığı cevaplardan pek memnun kalırdı. Oğlunun gözlerinde, sanki kendi zekasının pırıltılarını görürdü.

Bir gün yine evde baba oğul konuşurlarken, oğlan:

– Baba, ben senin doğduğunu bilirim! diye bir söz söyledi.

Karısı bu sözü duyunca, hemen oğlunu azarlamaya başladı. Bu sözün çok saçma olduğunu, hiçbir çocuğun babasının doğduğunu bilemeyeceğini söyledi.

Hoca ise, oğlunu bozmamak için hemen söze atıldı:

– Bu sözlerinle çocuğu ne diye incitip duruyorsun? **Görüyorsun ki çocuk akıllıca... Belki de biliyordur...** deyiverdi.

BEN DE ÖYLE YAPTIM

Nasreddin Hoca bir gün çok acıkmış. Aşçıdan güzelce kızartılmış bir tavuk almış. Tenha bir yere çekilerek yemeye koyulmuş.

Fakat, tam semiz butlardan birini gövdesine indirmek üzere iken, bir yakını çıkagelmiş.

Selam verip karşısına çökmüş:

– İyi ki sana rastladım Hoca, demiş. Karnım müthiş acıkmıştı. Ne zamandan beri de kızarmış tavuk yememiştim.

Hoca, bu açgözlü yakının elinden kurtulamayacağını anlamış. Ona ister istemez tavuğundan bir pay ayırmak zorunda kalmış.

Ne yapsın? Tavuğun boynu ile kanatlarını kopararak uzatmış.

– Buyur! demiş. Ve kendisi acele acele yemesine devam etmiş.

Hocanın yakını, bu ikramdan hiç de hoşnut kalmamış:

– Oldu mu ya Hoca? demiş. Benim misafir olduğumu unuttun galiba!

Hoca sormuş:

– Ne yaptım ki?

– Daha ne yapacaksın? Tavuğun en iyi taraflarını kendine ayırıp, bana işe yaramaz taraflarını verdin.

– Sen olsan ne yapardın?

– Bak, bu tavuk benim olsaydı ve sen bana misafir geleydin, ben tavuğun boynu ile kanatlarını kendime ayırır, geri kalan kısmını da sana ikram ederdim.

Hoca bir yandan atıştırmaya devam ederken, arsız yakınına da şu öneriyi yapmış:

– Öyle ise sana bu tavuğu olduğu gibi ikram ettiğimi ve pay etme işini de kendinin yaptığını düşün!

185

O KADAR İNCE ELEYİP SIK DOKUMAYIN!

Nasreddin Hoca bir gün evini tamire koyulur. Tamir bitince, evin önünde bir hayli moloz yığılır. Halk sokaktan gelip geçerken rahatsız olurlar. Hoca'ya, bunu kaldırmasını söylerler:

O da kazma küreği alarak moloz yığınının yanında bir çukur kazmağa başlar.

Dostlarından biri, bunu görünce:

– Ne yapıyorsun Hoca? diye sorar.

Hoca, moloz yığınını gösterdikten sonra:

– Halk, şu moloz yığınından şikayet ediyor. Bir çukur kazıyorum ki, bunları gömeyim. Halk ta sokaktan rahat geçebilsin! der.

Adam:

– İyi ama, ya bu çukurdan çıkan toprak ne olacak? Onu nasıl kaldıracaksın? diye sorar.

Hoca şaşırır.

Bir anda verecek cevap bulamaz.

**– Canım sen de o kadar ince eleyip sık doku-
masan olmaz mı?** deyiverir.

ATINCA UZARMIŞ

Nasreddin Hoca,
bir gün çarşıda ge-
zerken, adi görü-
nüşlü bir kılıcın yüz
akçeye satılmakta
olduğunu görmüş.
Şaşkınlık içinde:

– Yahu! Bu, alela-
de bir kılıç, demiş.
Bunun yenisini on akçeye almak mümkün iken,
neden yüz akçe istiyorsunuz?

Kılıcı dolaştıran kişi:

– Bu adi bir kılıç gibi görünüyor, ama öyle de-
ğildir. İleri doğru savruldu mu, kendiliğinden iki
arşın uzar, demiş.

Hoca merhum, bunu öğrenince, hemen evine
koşmuş. Maşayı kaptığı gibi çarşıya gelmiş. Baş-
lamış iki yüz akçeye satmak için dolaştırmaya...

Görenler, kendisine takılmışlar:

– Sen deli mi oldun Hoca? Bir akçe etmez ma-
şaya kim ikiyüz akçe verir ki? demişler.

Hoca hemen karşılık vermiş:

– Az önce burada atıldığı zaman iki arşın uzayan bir kılıç için yüz akçe istenmiyor muydu? Bizim karı bana kızıp da attı mı, bu maşa da on arşından fazla uzar.

ZEHİRLİ BAKLAVA

Akşehir'in ileri gelenleri bir gün toplanmışlar ve Nasreddin Hoca'yı, okula öğretmen yapmaya karar vermişler. Hoca, bütün gücüyle sarılmış öğretmenlik işine. Çocukları iyi yetiştirmek için elinden geleni yapmış.

Bir gün, şehrin varlıklı insanlarından biri çocuğunun çalışmasından çok memnun olduğundan Hoca'ya bir tepsi baklava göndermiş. Hoca, tepsiyi rafın üstüne koymuş. Tam o sırada Hoca'yı önemli bir iş için çağırmışlar. Gitmek zorunda kalmış, ama aklı da baklavadaymış. Tepsiyi sınıfta bırakırsa çocukların yiyeceklerini düşünerek:

– Çocuklar! demiş. Bu baklavayı gönderen adamla aram pek iyi değil, bana daima fenalık yapmayı düşünür. Belki de baklavanın içine zehir koymuştur. Yiyen derhal ölür. Sakın dokunmayın, diye tenbihlemiş.

Öğrenciler hep bir ağızdan:

– Dokunmayız efendim!... cevabını vermişler. Hoca onlara güvenerek çağırılan yere gitmiş, ama işi uzadıkça uzamış. Bu arada çocukların da karnı acıkmış. Öğrenciler arasında Hoca'nın yeğeni de bulunuyormuş. Çok haylaz, yerinde duramayan bir çocukmuş. Baklava tepsisini, bulunduğu raftan almış ve iştahla yemeye başlamış.

Baklava bitince, çocuk kötü kötü düşünmeye ve Hoca'ya vereceği cevabı bulmaya çalışmış. Ama cin fikirli çocuk, bunun da çaresini bulmuş. Hemen gidip Hoca'nın kalemini kırmış. Yerine dönüp oturmuş.

Az sonra Hoca sınıfa girmiş. Kırık kalemini görmüş.

– Bu kalemi kim kırdı? diye bağırmış öğrencilere.

Çocuklar hep birlikte hocanın yeğenini göstermişler.

– Gel bakayım buraya! diye Hoca yaramazı yanına çağırmış.

– Kalemimi neden kırdın? diye sormuş.

Kurnaz çocuk, üzgün bir sesle:

– Benim kalemim kötü yazıyordu, demiş. Kaleminizle derslerimi yazarsam sizin kadar güzel yazabilirim diye düşünerek kaleminizi aldım.

– Sonra?

– Sonra kalemle yazarken ucu kırıldı. **Sizin beni döveceğinizi düşünerek, kendimi öldürmeye karar verdim. Aklıma, sizin giderken zehirli dediğiniz baklavalar geldi. Hemen onu yedim.**

Hocaya çocuğun bu zekice planı karşısında gülümsemek düşmüş, ister istemez.

YAZIK SANA!

Nasreddin Hoca merhumun, Bursa'da bir işi çıkmış. Kalkmış Bursa'ya gitmiş.

Orada biri, kendisine işinin olmasını istiyorsa, üç gün Ulu Camiye gidip namaz kılmasını, dua etmesini tavsiye etmiş.

Nasreddin Hoca da, böyle yapmış. Üç gün arka arkaya, Bursa'nın bu büyük camiine devam etmiş. Namazlardan sonra, işinin olması için saatlerce dua etmeyi de ihmal etmemiş.

Fakat gelin görün ki, işi bir türlü olmamış.

Bir gün, öğle namazını Ulu Camiye yetişemiyerek bir mahalle arasında rastladığı küçük bir mescidde kılmış. Orada da dua etmiş. Ve aynı gün, olmasını istediği işi birdenbire oluvermiş.

Bu işe hem sevinmiş Hoca, hem de şaşırmış. Doğruca Ulu Camiye giderek, büyük kapısından içeri girmiş ve:

– **Yazık sana!** demiş. **Şu küçük mescid kadar bile olamadın!**

AŞIK KEMİĞİ

Hoca, bir gün çarşıdan işkembe almış, eve getirmiş. Hanımına da:

– İşkembe getirdim, al şununla nohutlu yahni yap, demiş.

Evde oynayan Hoca'nın beş altı yaşları arasındaki oğlu:

– İşkembenin aşık kemiğini ben isterim, diye tutturmuş...

Bu yersiz istek karşısında Hoca'nın canı sıkılmış.

– Budala, demiş, hiç işkembenin aşık kemiği olur mu?

Karısı, oğlunu savunmak düşüncesiyle hemen atılmış:

– A efendi! Çocuğumuzu ne paylayıp duruyorsun? Ciğer sandı da onun için aşık kemiğini istiyor!...

Hanımının da çocuktan farkının olmadığını gören Hoca, acı acı gülmüş:

– **Bizim gibi evine kırk yılda bir et giren yoksullar, işte böyle isimleri karıştırırlar,** demiş..

BENİ BAŞ AŞAĞI GÖMÜN!

Nasreddin Hoca bir gün dostları ile bir mecliste konuşurken:

– Vasiyetim olsun, dedi. Öldüğüm zaman beni baş aşağı gömün!

Onun bu isteği, herkes tarafından garip karşılandı. İçlerinden biri:

– Neden bunu istiyorsun Hoca? diye sordu.

Nasreddin Hocanın cevabı hazırdı:

– **Yarın kıyamet koptuğu zaman, dünya altüst olacak değil mi? Ben işte o zaman dosdoğru kalkarım.**

HOCA'NIN OĞLUNUN ZEKASI

Hoca bir gün, oğlunun zekasını ölçmek için onu küçük bir sınavdan geçirmeye karar vermiş. Çağırmış yanına:

– Al şu on akçeyi, bana bakkaldan bir minare al da gel, demiş.

Oğlan parayı almış, dışarı çıkmış. Önüne gelen ilk arkadaşına dert yanmış:

– Şu babamın yaptığı işe bak sen. Bana on akçe verdi, "Git bakkaldan minare al!" dedi.

Arkadaşı:

– Eee? demiş, sen ne yaptın?

– Eee'si me'si mi var. Ne yapayım yani! **Bugün tatil günü değil mi? Bakkallar kapalı!...**

FALAKAYI NİÇİN ATEŞE ATMIŞ?

Nasreddin Hoca öğrencilik yıllarında, sınıfa girip de ilk defa duvarda asılı falakayı görünce korkarak öğretmenine sormuş:

– Hocam bu nedir?

– Falaka...

– Ne işe yarar?

Öğretmen:

– Yaramazlık yapan çocukları dövmeye yarar. Malum ya dayak cennetten çıkmadır.

Nasreddin Hoca kurnaz kurnaz gülmüş:

– Peki Öğretmenim, cennetten çıkanı ne yaparlar?

Öğretmen bir an düşünmüş, aklına kötü bir şey gelmediği için:

– Cehenneme atarlar, demiş.

Nasreddin Hoca, Öğretmeni dışarı çıkınca, hemen duvardaki falakayı kaptığı gibi sınıftaki çocukların hayret ve korku dolu gözlerinin önünde ocağa atmış. Öğretmen sınıfa girip de falakayı yerinde göremeyince, kaşlarını çatmış ve sormuş:

– Duvardaki falakaya ne oldu?

Öğrenciler ne diyeceklerini şaşırmışlar. Sınıfta derin bir sessizlikten sonra, çocukların gözleri Küçük Nasreddin'e takılmış. Öğretmeni bu bakışları fark ederek Nasreddin'den yana dönmüş. Nasreddin de başını yere eğmiş. Öğretmeni öfkeyle sormuş:

– Sen mi aldın falakayı yerinden?

– Evet efendim.

– Ne yaptın?

Nasreddin, öğretmenini kızdırmamaya gayret ederek:

– Efendim, demiş. **Az önce cennetten çıkanı cehenneme atarlar demiştiniz. Ben de falakayı, bu yüzden cehenneme, yani ateşe yolladım.**

SEN DE DÖRT AYAKLI OLURSUN!

Hoca; bir gün kaz pişirip Timurlenk'e götürmüş.

Fakat yolda çok acıkınca, dayanamayıp kazın bir budunu koparıp yemiş. Timurlenk:

– Bunun bir bacağı nereye gitti? diye sormuş.

Hoca:

– Bizim diyarın kazları bir ayaklıdır. İnanmazsan çeşme başında dikilen şu kazlara bak! demiş.

Timurlenk bir adamına emretmiş. Adam elindeki çomağı çeşme başında tek ayakları üzerinde dikilmiş duran kazlara fırlatmış.

Kazlar birden iki ayaklı oluvermişler. Timurlenk onları Hocaya göstermiş. Fakat Hoca laf altında kalır mı? Hemen cevabı yapıştırmış:

– **O çomağı sen yesen, sen de dört ayaklı olursun!**

IŞIĞI GÖREN DIŞARI ÇIKIYOR...

Hoca'nın karısı hamileymiş. Bir gece ansızın ağrısı tutmuş. Hoca hemen ebeye koşmuş. Ebe gelmiş, komşu kadınlar da toplanmışlar. Hoca'nın karısı biraz sonra nur topu gibi bir oğlan doğurmuş. Hoca'yı çağırıp kucağına vermişler. Hoca çok memnun olmuş. Bu sırada kadının ağrıları yeniden tutmaya başlamış. Ebe:

– İkiz galiba? demiş.

Derhal gereken önlemleri alıp Hoca'ya da bir mum vermişler. Az sonra bir kız dünyaya gelmiş.

Hoca:

– Kız çocuğu, annesine yoldaş olur, demiş.

Hoca'nın karısının ağrıları kesilmiyormuş. Aman demeğe kalmadan, bir oğlan daha dünyaya getirmiş. Hoca, çocukların arka arkaya geldiklerini görünce, derhal üfleyerek mumu söndürmüş.

Kadınlar şaşırmışlar. Hayretle Hoca'ya:

– Ne yaptın Hoca efendi? Böyle zamanda mum söndürülür mü? demişler.

Hoca:

– Ne yapayım? **Işığı gören dışarı çıkıyor!** cevabını vermiş.

ANA YADİGARI

Nasreddin Hoca'nın bir oğlu dünyaya gelmişti. Komşu kadınlar:

– Hoca efendi, gel şu çocuğun adını koy artık, dediler.

Nasreddin Hoca çocuğun kulağına ezan okuduktan sonra:

– Ya Atike bin Nasreddin! Ey Nasreddin'in oğlu Atike! diye bağırdı. Komşular hayretler içinde kaldılar.

Kadınlardan biri:

– Hoca efendi! dedi. Şu çocuğun adını doğru dürüst koysana...

Hoca:

– İşte koydum ya, daha ne istiyorsun? dedi.

Kadın hayretle:

– Erkek çocuğuna hiç kadın ismi konur mu Hoca? diye itiraz etti.

Hocanın cevabı hazırdı:

– Çocuğun erkek olduğunu biliyorum. Ama **ben karımı çok severim... Şayet ölecek olursa, adı oğlumda yadigar kalsın istedim. Oğlumu çağırdıkça, karımı hatırlayayım. İşte bunun için oğluma anasının adını koydum!**

NEUZÜ BİLLAH

Timurlenk, bir gün Hocaya sormuş:

– Hoca, bilirsin ki Abbasi halifelerinden her birinin ünvanı Muvaffak Billâh, Mütevekkil Alallah gibi şeylerdir. Ben de onların arasında olsaydım, ünvanım ne olurdu?

Hoca, derhal şu cevabı vermiş:

– **Hiç şüphe yok ki, sizinki de Neuzü Billâh olurdu.**

İYİ Kİ İÇİNDE DEĞİLMİŞ!

Nasreddin Hoca, bir gece, ay ışığında, bahçede iri yarı bir kimsenin ellerini gerip durduğunu görür. Hırsız sanır. Hemen karısını uyandırır:

– Yahu, çabuk ol, şu benim okumu, yayımı getir! der.

Hemen oku yaya sağlamca yerleştirip hızla savurur. Adamın tam göbeğinden oku yediğini görür. O koca heykel, bir anda sarsılıp yere yuvarlanır.

Hoca, kapıyı sağlamca kapatır yatar. Gün doğmadan bahçeye çıkıp baktığında gece vurduğu şeyin kendi kaftanı olduğunu görür. Meğer gündüzün karısı yıkayıp sabaha kadar kurusun diye ipe sermiştir.

Göbeği hizasından kaftana büyük bir delik açıldığını gören Hoca, Allaha şükretmeğe başlar. Karısı bu şükrün sebebini sorunca, Hoca cevap verir:

– **Karıcığım, görmüyor musun, ok nereden delip nereden çıkmış? Ya ben içinde olsaydım; ne olurdu halim benim!..**

HABEŞLİNİN TERİ

Nasreddin Hocanın, Hammad adında bir talebesi varmış. Habeşli olduğu için simsiyahmış.

Bir gün Hocanın cübbesine mürekkep dökülmüş.

– Cübbene ne oldu? diye soran karısına, Hoca şu cevabı vermiş:

– **Bizim Hammad derse geç kalmayayım diye koşup terlemiş; yanımdan geçerken üzerime teri damladı.**

HOCA KABAKTAN BIKINCA

Nasreddin Hoca, bir Ramazanda civar köylerden birine irşada gitmiş. Daha ilk gün, vaaz sırasında kabaktan "cennet yemeğidir" diye bahsetmiş.

Mevsim de kabak mevsimi olduğundan, köylüler artık Hocaya her akşam kabak yemeği göndermeye başlamışlar.

Bir gün, iki gün, beş gün, yedi gün derken, Hocaya kabak yemekten bıkkınlık gelmiş. Köylüye kabağın cennet yiyeceği olduğunu söylediğine bin defa pişman olmuş. Ama ok bir defa yaydan çıkmış olduğu için, yapacak bir şey de yokmuş. Canı da müthiş tavuk istiyormuş.

Nihayet, bir ikindi vakti vaaza başlayınca, sözü döndürüp dolaştırıp yine yemek bahsine getirmiş. Kabağın cennet yiyeceği olduğunu tekrarlamış. Ancak arkasından da:

– Sizin şu fukara hocaya, her gün cennet yiyeceğini layık görmeniz, onu gurura sevkedebilir. Onun için, arada bir ayağı çamurlu bir tavuk da gönderseniz, tevazu yönünden daha uygun olur! deyivermiş.

ŞİMDİ KUŞA BENZEDİN

Bir gün Nasreddin Hoca, bir leylek görmüş. Hayvanı yakalayıp evine götürmüş.

Gagasını, ayaklarını kestikten sonra, hayvanı yüksek bir yere çıkarıp koymuş. Karşısına geçip:

– İşte şimdi kuşa benzedin, demiş.

ÖRDEK ÇORBASI İÇİYORMUŞ

Nasreddin Hoca, bir pınarın oluğunda yıkanan bir sürü ördek görmüş. İçlerinden birini tutmak için koşmuş. Ancak ördekler kaçmışlar.

Hoca, eline biraz ekmek alıp pınarın başına oturmuş. Elindeki ekmeği ördeklerin yıkandığı oluğun suyuna batıra batıra yemeğe başlamış.

Bir adam gelip Hocayı bu halde görünce:

– Hocam, ne yaparsın? diye sormuş.

Hoca:

– **Ördeğini yiyemedim, ama çorbasını içiyorum,** demiş.

TEMİZLİK KADIYA DÜŞER

Evleri birbirine bitişik iki komşu varmış.

Bir gün bunların evinin önüne bir köpek pislemiş.

– Pisliği sen kaldıracaksın, ben kaldırmıyacağım, diye aralarında bir hayli atışmışlar.

Nihayet Kadı'ya gitmişler. O sırada Hoca da Kadı'nın yanında bulunuyormuş.

Kadı, bunların davasını Hocaya havale etmiş.

Hoca, iki komşuya sormuş: Köpeğin pislediği yol umumi yol mudur, yoksa hususi mi? diye. İki komşu da ittifakla cevap vermiş: Umumi yoldur..

Hoca, hiç düşünmeden:

– **Madem ki evinizin önünden geçen yol umumidir, o köpek pisliğini temizlemek ikinize de düşmez, ancak Kadı efendiye (kamuya) düşer**, demiş.

HOCA ÖĞRETMEMİŞ

Nasreddin Hoca, bir gün, beş-altı yaşlarındaki oğlunu elinden tutmuş, çarşıda gezdiriyordu. Hoca'yı tanıyanlardan biri, oğlunun da ileride babası gibi nüktedan ve hazırcevap biri olup olmayacağını anlamak istedi. Ona bir patlıcan göstererek:

– Oğlum, bil bakalım bu nedir? diye sordu.

Çocuk düşünmeden cevap verdi:

– Gözü açılmamış sığırcık yavrusu...

Hoca öğünerek:

– Vallahi amcası, **ben öğretmedim, çocuk kendiliğinden buldu**, dedi.

GEÇ YİĞİDİM GEÇ!

Hoca, bir gün mezarlıkta dolaşıyordu.

Bir köpeğin bir mezara terslediğini gördü.

Hemen eline bir değnek alarak hayvanın üstüne yürüdü.

Ancak köpek vahşiydi. Havlıyarak saldırmağa başlayınca, Hoca kenara çekildi:

– **Geç yiğidim geç!** dedi.

SUDAN GELEN SELE GİDER

Nasreddin Hocanın mahallesinde hilekar bir sütçü vardı. Süte su katarak halis süt diye satardı. Yaptığı yoğurt da, yoğurttan başka her şeye benzerdi. Hele kaymağı yağsız mı yağsızdı. Bu sütçü kendisine insanlar itimat etsinler diye, başına değirmen taşı kadar sarık sarar ve elinden de uzun bir tesbihi hiç eksik etmezdi.

Bir sene, kış fazla oldu. Fırtına, yağmur ve sel her tarafı yıkıp götürdü. Bizim sütçü de, o sene iyi haberler almadı. Zira sürülerini seller götürmüş, ağılları da fırtınadan yıkılmıştı. Adam neye uğradığını bilememişti. Artık sütçünün eski neşesi yoktu. Dükkanında eski bolluk kalmamıştı.

Bir gün Hoca, bu sütçünün dükkanının önünden geçiyordu. Her zaman kendisine:

– Buyurunuz Hocam!..

Diyen sütçü, ortalarda yoktu. Dükkanda da eski neşeyi göremi-

yen Hoca:

– Heyyy, sütçü baba!. Neredesin yahu?

Diye seslendi. Biraz sonra, perişan kıyafetiyle, sütçü ortaya çıktı. Hoca hayret etti ve ona:

– Ne oldu sana sütçü efendi? Benzin solmuş ve dükkanın da perişan olmuş!.. diye sordu.

Sütçü de başından geçen felaketleri birer birer anlattı. O anda Hoca, sütçünün bütün hilekarlıklarını gözünün önünden geçirdi ve ciddi bir tavırla:

– Sütçü baba! dedi. Bunlara katlanman gerek. **Süte su kattığın günleri düşün de, hiç kederlenme. Çünkü sudan gelen sele gider.**

HOCA BEYİN ÖNÜNE GEÇİNCE....

Bir Ramazan ayında Nasreddin Hoca, kürt aşiretlerinden birinin bulunduğu yere imamlık yapmaya gelmiş. Hocayı, beyin çadırına götürmüşler. Bey, Hocayı misafir etmiş. Hoca, vakit namazlarında ve teravih vaktinde namaz kıldırmağa başlamış. Ancak birkaç gün sonra beyin oğulları Hocanın yanına gelerek rahatsızlıklarını şu sözlerle dile getirmişler:

– Hocaefendi, mübarek ramazan gününde kalbinizi kırmak istemezdik. Fakat çok aşırı gittiğini görüyoruz ve buna dayanamıyoruz. Üstelik bu, bir değil, beş değil! Her gün bütün namazlarda oluyor.. Haydi biz genciz, zararı yok. Önümüze geç... Ancak babamız yaşlı başlı bir adamdır. Büyük bir kabilenin de beyidir. Siz, nasıl oluyor

da onun önüne geçi-
yorsunuz? Onun ses çı-
karmadığına bakmayı-
nız. Bir gün kafası kı-
zarsa, iş fenaya varır!..

Hoca, namazda ba-
balarının önüne geç-
mesinin namazın bir
gereği olduğunu anlat-
mak istemiş ise de, gençler çok cahil olduklarından anlatılanları bir türlü kabul edememişler

Hoca, akşam, iftardan sonra, bir münasebet getirerek meseleyi Beye de açmış. Bey, Hocayı dikkatle dinledikten sonra:

– Hoca efendi, onlar münasebetsizlik yapmışlar sana karşı. Fakat doğrusunu söylemek lazım gelirse, sen de pek ileri gidiyorsun...

Hoca, Beyin de oğulları kadar cahil olduğunu anlamış ve derhal konuyu izah şeklini değiştirmiş:

– Hakkınız var efendim, demiş. Lakin **her şeyin önüne değil, sonuna bakılır.** Ben, namazın başında sizin önünüzde duruyorsam da, sonunda yüzümü size çevirmiyor muyum? O zaman siz önde, ben de geride kalıyorum demektir.

Bu cevap, Beyin çok hoşuna gitmiş. Yüzü gülmüş ve çatık kaşları da doğal halini almış. Özür diler bir tavırla:

– Hoca efendi! demiş. **Görüyorsun, biz dağ başında yaşayan dağlı adamlarız. Öyle ince ilim işlerine aklımız ermez. Bizi mazur gör.**

AL ELİMİ!...

Bir gün Nasreddin Hoca, dostları ile birlikte kıra pikniğe gitmiş.

Bir dere kenarında gezerlerken, içlerinden biri derin olan dereye yuvarlanıvermiş. Yüzme de bilmediğinden sulara dalıp dalıp çıkmağa ve boğulma alametleri göstermeğe başlamış. Arkadaşları ellerini uzatarak onu kurtarmak istemişler.

– Ver elini! Ver elini! diye seslenmişler.

Ama deredeki kişi oralı bile olmamış. Neredeyse boğulup gidecekmiş.

Birden Nasreddin Hoca devreye girmiş. Hemen kolunu sıvamış. Derenin kenarına varıp elini uzatmış.

– Al elimi! diye seslenmiş.

Boğulmak üzere olan adam, bu söz üzerine hemen Hocanın eline sarılmış. Hoca da arkadaşlarının yardımıyla onu rahatça çekerek sudan çıkarmış.

Herkes bu işe şaşıp kalmış. Nihayet içlerinden biri dayanamayıp:

– Hoca, bu adam niçin hiçbirimizin elini tutmadı da, senin elini tuttu? diye sormuş.

Nasreddin Hoca gülerek şu cevabı vermiş:

– Siz onu benim kadar tanımadığınız için nasıl sesleneceğinizi bilemediniz. **O, cimrinin tekidir. Hayatında hiçbir şey vermeğe alışmamıştır. Kendisine: "Ver elini!" diye seslendiğiniz vakit, aldırış etmemesi o yüzdendir. Buna karşılık ne bulursa almağa can atar. Ben onun bu huyunu iyi bildiğim için: "Al elimi!" dedim. Gördüğünüz gibi hemen yapışıverdi.**

EN TEHLİKELİ YARATIK

Bir gün dostları Hocaya:

– Dünyada en tehlikeli ve korkunç hayvan hangisidir?

Diye sormuşlar. Hoca tereddütsüz:

– İnsandır, demiş.

Dostları bu cevaba hayret etmişler ve itiraz ederek:

– Bu, nasıl olur?

Demişler. Hoca şu açıklamayı yapmış:

– Köpek ekmeğini yediği adama hıyanet etmez. Yılan kendisine dokunmayanı sokmaz. Kurt, insanın bulunduğu yerlerden uzakta yaşar.

Halbuki **insan, hiç de böyle değildir. O kendisine iyilik edene bile fenalık yapar. Siz, hiç dünyada, kendi cinsine insanlar kadar kötülük eden bir varlık gördünüz ve duydunuz mu?**

İNANMAZSAN SAY!

Nasreddin Hocanın zamanında, üç ecnebi bilgin, Osmanlı ülkesinde seyahate çıkmışlar. Hocanın hazırcevaplığını işiterek onunla da bazı konuları tartışmak istemişler.

Meydanda bir ziyafet tertip edilmiş. Hoca ile ecnebi bilginler karşılaşmışlar. Tanışma merasiminden sonra birinci bilgin sualini sormuş:

– **Hoca Hazretleri, dünyanın ortası neresidir?**

Hoca, hiç düşünmeden, bostonuyla eşeğinin sağ ön ayağını göstererek:

– İşte, eşeğimin şu ayağını bastığı yerdedir, demiş.

Bilgin:

– Ne ile belli? Deyince Hoca:

– İnanmazsanız, ölçebilirsiniz, demiş.

Birinci Bilgin söyleyecek söz bulamıyarak çekilmiş. İkinci bilgin ortaya çıkmış.

– **Gökyüzündeki yıldızların sayısı ne kadardır?** diye sormuş.

Hoca da:

– Eşeğimin vücudunda ne kadar kıl varsa, o kadardır, demiş.

İkinci bilgin:

– O kadar olduğu ne ile belli? Deyince Hoca:

– İnanmazsan say! demiş.

İkinci bilgin:

– Hocam, eşeğin kılları sayılır mı? Deyince, Hoca da:

– Ya gökteki yıldızlar sayılır mı?

Cevabını vermiş. Bu bilgin de söyliyecek bir söz bulamıyarak çekilmiş. Üçüncü bilgin ileri çıkarak:

– Ey Hoca, **şu benim sakalımın kaç teli var?**

Diye sormuş. Hoca hiç düşünmeden:

– Eşeğimin kuyruğunda ne kadar kıl varsa, o kadardır, demiş.

Üçüncü bilgin:

– Ne ile isbat edersin? diye sormuş. Hoca:

– O kolaydır, bir kıl senin sakalından, bir kıl benim eşeğimin kuyruğundan koparırız, eğer sayısı uymazsa galibiyet senindir, demiş.

Bilginler, Hocanın hazırcevaplığına ve zekasına hayran kalarak Akşehir'den ayrılmışlar.

HİSSELİ MAL

Nasreddin Hocanın Akşehir'de yarı hissesi kendine ait ortak bir evi varmış.

Bir gün bu yarım hisseyi satılığa çıkarmış.

Emlakçı:

– Hocam... Acelen ne idi? İleride daha yüksek fiyata satardın... deyince:

– **Ben hisseli malı sevmem,** demiş Nasreddin Hoca. On seneden beri ortağımın gönlünü yapmağa çalışıyordum. Nihayet satmaya bugün razı edebildim.

ZELZELE

Nasreddin Hoca, bir gün tarlasından evine dönerken yolda çok şiddetli bir yer sarsıntısı olur. Hoca, hemen eşeğinden yere inip secdeye kapanır.

Hocayı bu halde görünler:

– Hocam, neden böyle aniden secdeye kapandın? diye sorarlar.

Hocanın cevabı hazırdır:

– **Bu zelzelede bizim kulübe sanırım yıkılmıştır. O esnada, ya ben içinde olsaydım? Allah'a onun için secdeye kapanıp şükrettim.**